En aquellos días sucedía...

EN AQUELLOS DÍAS SUCEDÍA...

© ALEJANDRO OROZCO RUBIO.
© LA CASA SOBRE LA ROCA, A.C.

NAYELLI ARLEY Y PILAR PALACIOS.
DISEÑO EDITORIAL

ANTONIO SALGADO Y MARGARITA CHINCHILLAS.
CORRECCIÓN DE ESTILO

ALEJANDRA OROZCO.
DISEÑO DE PORTADA

IMPRESO EN MÉXICO.

NINGUNA PARTE DE ESTA PUBLICACIÓN, INCLUÍDO EL DISEÑO DE LA CUBIERTA, PUEDE REPRODUCIRSE, ALMACENARSE O TRANSMITIRSE DE NINGUNA FORMA, NI POR NINGÚN MEDIO, SEA ÉSTE ELECTRÓNICO, QUÍMICO, MECÁNICO, ÓPTICO, DE GRABACIÓN O DE FOTOCOPIA SIN LA PREVIA AUTORIZACIÓN DEL AUTOR.

ISBN 978-1-943049-02-8

ÍNDICE

Introducción

1	El modelo de Jesús.	15
2	¿Qué sucedió? Historia de la Iglesia	33
3	El ser humano. Naturaleza vs diseño original	49
4	Recibirlo, obedecerlo, servirlo o seguirlo	63
5	Todas las cosas que les he mandado... ¿Cuáles enseñanzas de Jesús son mandatos?	83
6	Religiosidad o el amor de Dios	103
7	Espíritu Santo y fuego	121
8	Las doce declaraciones de cualquier discípulo de Jesús	127
	Apéndice Estructura organizacional	129

Agradecimientos

*A mi padre Dios, el creador de todas las cosas.
A mi maestro Dios, El Señor Jesucristo,
el salvador de la humanidad.
A mi consuelo Dios, el Espíritu Santo, mi guía,
A mi Rosi, mi maja, mi musa.
A mis hijos, mis nueras y mis nietos.
A mi Jana, la diseñadora.
A mi amigo el historiador, Aarón Lara.
A mis amigas las psicólogas, Marce Wolff y Anita Elías.
A mi amigo el planificador, Alex Aranda.
A mis amigos Naye y Toño Salgado los escribanos.
A mis amigos, los directores y subdirectores
de Casa sobre la Roca.
A mis amigos y compañeros de batallas,
los coordinadores y los servidores de todas las sedes.
A mis amigos, consejeros de nuestra institución.*

Introducción

Si por alguna razón inexplicable hubieras sido amamantado y protegido por una manada de lobos desde los primeros días de tu nacimiento y veinte años después te encontraras con los primeros seres humanos y al identificarte físicamente con ellos hubieran decidido rescatarte e integrarte a la sociedad, enseñándote a hablar, oír, comer, vestir, leer, trabajar y, en fin, a llevar una vida completamente normal en un sentido humano, ¿qué tan difícil sería lograrlo?

Pienso que eso se parece, en alguna manera, a encontrarnos con Dios habiendo sido apartados de Él por nuestro pecado después de muchos años de lejanía, en la mayoría de los casos. Es decir, no sabemos mucho de Él con excepción de lo que hemos oído, imaginado o descifrado de la observación de la naturaleza, de las enseñanzas de alguna o varias religiones, de la sensatez de personas a nuestro alrededor, de las enseñanzas de la Biblia que alguna persona haya podido compartir esporádicamente en algún momento con nosotros, o cuando finalmente hayamos tenido el privilegio de recibir al Señor confesándolo con nuestra boca y creyendo en el corazón que Dios le levantó de los muertos. Así comenzamos a buscar la verdad en la Escritura, la Palabra de Dios, para conocer su propósito al habernos creado y su perfecta voluntad para nuestras vidas. En la medida que vamos siendo lavados por la Palabra, comenzamos a corregir conceptos, desechar errores y aprender poco a poco que ...la Palabra es viva y eficaz, más cortante que toda espada de dos filos, que penetra hasta las coyunturas y tuétanos, que discierne el alma y los pensamientos y logra el propósito para el que ha sido enviada.

En ese ir y venir de principios y conceptos que ya por muchos años he tenido la gracia de oír y aprender, finalmente, me llegó el tiempo de acudir a lo simple, a lo sencillo de la Escritura: a leer versículos que iré compartiendo a lo largo de estas notas, mismos que me han llevado de una profunda reflexión a decisiones trascendentes en mi vida personal, familiar y en el trabajo que he estado haciendo para la obra de Dios durante los últimos treinta años.

No compartiré en estas líneas algo nuevo, ni profundas revelaciones, sino solo lo que dice la Palabra, las enseñanzas de nuestro Señor Jesucristo, sus mandatos, sus ejemplos, su amor inagotable; trataré después de buscar en la historia, si el modelo de Jesús se ha cumplido o si por alguna razón se detuvo. Analizaré –y anhelo que tú lo hagas conmigo– las indicaciones que el Señor nos dio para cumplir su voluntad y cómo podemos agradarlo en todo, siguiendo sus pisadas.

Decido creer que el tiempo pasado en mi vida cristiana no ha sido en vano, sino la preparación necesaria para estar hoy en posibilidad de aprender a negarme a mí mismo, llevar mi cruz cada día y seguirle, para poder así iniciar el camino en pos de Él, conocer su amor, ser lleno de su plenitud en el Espíritu Santo y fuego, obtener el premio del supremo llamamiento de Dios en Cristo Jesús.

En este trabajo me tomo la libertad de omitir los nombres de las cartas o libros, así como los capítulos y versículos (con excepción del **CAPÍTULO 3**, con la mención del libro de los Hechos por necesaria explicación), pero no por rebeldía, sino porque no pretendo enseñar a otros como lo hacen tradicionalmente los libros cristianos, excelentes y de gran utilidad; mas bien, deseo solamente compartir el impacto que la Palabra viva y eficaz está haciendo en mi vida hoy, sin hermenéutica ni exégesis; sólo la Palabra, llana y simple. Al mantenerlo así, pienso que estoy regresando a lo básico. Seguramente identificarás muchos versículos, pasajes y enseñanzas de la Biblia; anhelo que decidas corroborar lo que menciono directamente en la Palabra y recibas así el impacto que el Espíritu Santo logra a través de la Escritura, guiándonos a toda verdad, haciéndonos saber las cosas que habrían de venir, dándonos sabiduría mediante la fe y revelándonos cuán útil es para enseñarnos, reprendernos, corregirnos, instruirnos y equiparnos para toda buena obra.

Debo insistir: date el tiempo, merece la pena el esfuerzo, este libro será útil en tu vida cristiana; anota y estudia cada versículo, estoy seguro que la mención de alguna palabra te recordará al menos una parte de ellos, búscalos en la Biblia para que juntos escuchemos la voz de Dios a través de la Palabra escrita.

Una historia similar a nuestro planteamiento de inicio fue real[1]: sucedió que un pequeño fue vendido por su padre a un criador de cabras y cuando éste murió el niño no tuvo otra opción mas que vivir entre animales a los 6 o 7 años de edad; vivió 12 años así, entre lobos, cabras y serpientes. Hasta **60** años después narra lo que fue su vida en ese entonces.

Vivía tan asustado por los golpes que recibía de su madrastra que al morir su comprador, decidió vivir con los animales del monte. Cuenta lo difícil que fue vivir así, el miedo que tenía a los animales y cómo a pesar de ello, aprendió a sobrevivir cazando conejos y otras criaturas.

Cuando regresó a la sociedad, estaba atemorizado, pues sabía pocas cosas, tenía experiencias distintas a los demás porque había vivido muchos años sin contacto humano. Cuando finalmente volvió a convivir en sociedad con sus pares, seguramente tuvo que aprender a hablar, oír, comer, vestir, leer y trabajar, para llevar una vida completamente normal en un sentido humano.

Este es un caso similar al mío pues cuando llegué al Señor –tras una vida alejada de Él y de sus principios– algunos amigos queridos, desde entonces, me han enseñado a hablar con Dios, a leer su palabra, especialmente a obedecer y después de tantos años, hoy vuelvo a empezar pero

---

[1] BBC Mundo. "Entrevista". Univisión. Noviembre 28, 2013. 9:47 am.

con más fuerza y entendimiento. Gracias a la misericordia de Dios, hoy tengo la oportunidad de decidir hacer discípulos, bautizándolos en el nombre del Padre, del Hijo y del Espíritu Santo y enseñarles a obedecer todo lo que el Señor nos ha mandado.

☙

CAPÍTULO 1

EL MODELO DE JESÚS

Estando los once discípulos de Jesús en Galilea al verle, le adoraron. Aunque algunos tenían dudas, seguramente el impacto de su muerte y su resurrección había sido muy fuerte y dramático. Cuando le vieron le adoraron, y en ese momento el Señor les dio una simple indicación de su modelo, ¿cuál era el paso siguiente? ¿qué debían hacer en ese momento? Lo habían dejado todo por seguirlo y este era el momento preciso para ser orientados hacia esa nueva etapa.

Entonces el Señor, con toda autoridad, devela su propósito, para ellos y para todo creyente: *hagan discípulos a todas las naciones*, es decir a todas las personas de todos los países, de todo lugar. Les indicó que debían bautizarlos en el nombre del Padre, del Hijo y del Espíritu Santo y, sin profundizar en cuestiones doctrinales, una explicación sencilla de esta indicación podría ser: obedecer y dar testimonio público de lo que sucede en el corazón y en el espíritu del ser humano cuando recibe a Cristo como su Señor y Salvador, pasando de muerte a vida; el bautizo es el maravilloso símbolo de ese nacimiento espiritual. Entonces les ordenó (nos ordena) enseñar a todas las personas que decidan ser sus discípulos y obedecer todo lo que Él ha mandado.

El reconocido científico Albert Einstein dijo: dar ejemplo no es la mejor forma de enseñar a otros sino la única; especialmente las verdades espirituales pueden ser entendidas cuando son reales en la vida de quien las enseña, de modo que no suenen huecas y sean un testimonio genuino.

Finalmente el Señor, quien fue tentado en todo y sufrió las debilidades del ser humano nos enseñó con el ejemplo a manera de infundirnos ánimo para la lucha espiritual que debemos enfrentar contra nuestra propia carnalidad, contra el mundo y contra el enemigo de Dios para obedecer todo lo que nos ha mandado. Al final de su mandato nos otorga la hermosa promesa de estar con nosotros todos los días de nuestra existencia o hasta el fin del mundo, lo que suceda primero.

La Biblia de las Américas en MATEO 28:16 y MARCOS 16:15 muestra el título *La gran comisión* y aunque parecieran eventos disociados, pues uno habla de hacer discípulos y otro de predicar el evangelio a toda criatura, se refieren a lo mismo; hacemos discípulos cuando predicamos el evangelio, el que cree y es bautizado es salvo. Ambos evangelios mencionan que hagamos discípulos a todas las naciones predicando la Palabra, lo que implica que nuestro corazón se someta a un proceso de purificación para que el Espíritu Santo pueda usar nuestras vidas de manera poderosa.

Para que en el nombre de Jesús podamos echar fuera demonios, hablar nuevas lenguas, no ser dañados por serpientes o por beber cosa mortífera, poner nuestras manos sobre los enfermos y sanarlos y así, andar haciendo el bien como el Señor lo hacía y llegue el día que hagamos mayores obras que las hechas por Él.

Esta es la mejor manera de hacer discípulos: predicar el evangelio y enseñar a otros a hacer lo mismo.

La manera en la que Juan el Bautista enseñó a sus discípulos es un gran ejemplo. Les insistía que vendría uno mayor que él, a quien ni él mismo conocía, y que mientras éste llegaba, debía predicar el arrepentimiento y bautizar en agua como Dios se lo había pedido. Juan entendía que estaba preparando el camino para que Jesucristo fuera manifestado a Israel y después al mundo entero.

Estando Juan con dos de sus discípulos, al ver a Jesús, les dijo: he aquí el Cordero de Dios que quita el pecado del mundo. Ésta era una enseñanza cotidiana pues la reacción de sus discípulos fue formidable: al oír que Jesús era el que esperaban, simplemente le siguieron y estuvieron con Él durante tres años.

El trabajo de Juan el Bautista fue excelente pues no estuvo formando discípulos para sí mismo, sino para el maestro que no habían visto y que esperaban por fe. Al seguirlo, además, hubo una réplica inmediata del modelo, al llamar Andrés a Simón Pedro y traerlo con Jesús.

Así que como todo lo que vale la pena tiene un costo, debo arrepentirme, decidir cambiar mi vida, alejarme cada vez más del pecado y vivir cada día en una relación constante con el Señor. Éstos constituyen los requisitos mínimos del discipulado y para cumplirlos no puedo ser ni mediocre ni pusilánime. Ser un verdadero cristiano, como una forma de vida, es lo más difícil que puedo enfrentar, es mi mayor desafío. Entre muchos cambios y modificaciones una de las más difíciles situaciones que enfrento es amar a mis enemigos como Jesús nos instruyó, desde luego no se trata de sentir amor por quien nos daña o persigue mintiendo, diciendo toda clase de mal contra nosotros, sino que es decidir hacer el bien a esa persona, pagar el mal con el bien; estamos hablando de una decisión, no de sentimientos, aunque no por eso es más fácil. La única forma de lograrlo es por la inmejorable gracia de Dios.

La instrucción del Señor es muy clara: ¡hagan discípulos! Precisamente es lo que el Señor hizo al iniciar su ministerio, llamó a sus discípulos. Resulta muy interesante que la palabra "discípulo" se menciona únicamente en el evangelio de Mateo y en el libro de los Hechos un par de veces, sin que se vuelva a utilizar dicho término en el resto de la Palabra.

Me pregunto: ¿habrá sido un antídoto de los discípulos en contra de hacer algo religioso? ¿o un antídoto que los discípulos usaron para que no fuera levantado ningún otro nombre sino sólo el de Jesucristo?

El hecho de que todos los que oían la Palabra eran los discípulos, indica que predicar tiene el propósito de formar discípulos, no sólo creyentes. Es decir, personas obedientes a la Palabra, no sólo personas salvadas de su pecado pasado y sus consecuencias. ¿Y por qué el énfasis en obedecer la Palabra? Porque eso es lo que más nos conviene, los principios y valores que encontramos en las Escrituras son los únicos que pueden cambiar el corazón del ser humano y llevar al mundo a vivir en paz y felicidad.

Es impresionante que el libro de los Hechos habla de multitudes en varias ocasiones: multitud de los que creían, multitud de los discípulos, el número de los discípulos se multiplicaba grandemente, aún muchos de los sacerdotes obedecían la fe, enseñaron a muchas personas.

No olvidemos que el contexto histórico social era verdaderamente complicado. Los cristianos de aquella época sufrían la necesidad de esconderse para reunirse; hoy sólo algunos sufren el ocultar que son cristianos, pues se avergüenzan de ello socialmente. Sufrían la muerte, hoy la mayoría sólo sufrimos olvido. Sufrían persecución, ahora la mayoría sólo sufrimos rechazo, aunque lamentablemente en algunos lugares como Chiapas aún hay quienes sufren persecución, despojo y asesinatos; situación altamente reprobable. Desde este espacio enviamos nuestra solidaridad con todos ellos y un clamor enérgico a las autoridades por justicia.

En aquellos tiempos, la situación política era agravante, crecía tanto el número de seguidores que los romanos se impresionaron tanto que pronto pasaron de la admiración a la profunda preocupación, al sentirse amenazados de perder el poder que ostentaban y por eso los perseguían, al grado de pretender exterminarlos. Esa persecución provocó que fueran esparcidos y como resultado, el evangelio creció en muchos otros lugares.

¿Cómo hacer un discípulo?

En primer lugar, hacemos discípulos compartiendo la palabra de fe del arrepentimiento. Desde el primer momento debemos iniciar con responsabilidad el proceso de enseñarles a "guardar" la Palabra (del griego *teresete* que significa hacer o cumplir u obedecer), dándoles el ejemplo de no seguir más al pecado para seguir a Cristo, confirmándoles el ánimo de ir hacia adelante, a pesar de las dificultades, exhortándoles a permanecer, pues es necesario que a través de muchas tribulaciones entremos en el reino de Dios, tal y como lo menciona el libro de los Hechos. Es difícil, pues hacer discípulos es mucho más que hablar.

¡Hay que hacer para que hagan!
¡Hay que ser para que sean!
¡Hay que alcanzar para que alcancen!
¡Hay que obedecer para que obedezcan!
¡Hay que arrebatar para que arrebaten!

Debemos llegar a ser un poco más, cada día, como el maestro: el Señor Jesucristo. Así lo irán logrando también ellos.

Discipular es decidir vivir juntos la vida cristiana: el maestro es Jesucristo y todos nosotros sus discípulos. Es ser facilitadores de la enseñanza de lo que Él nos ha mandado. En otras palabras, se trata del proceso de llegar a ser como Jesús.

No podemos pensar que tomar una clase a la semana será suficiente, tampoco reunirnos a orar de madrugada una vez al mes, o recibir algún consejo bíblico esporádico, estamos hablando de un compromiso por el resto de nuestras vidas.

Somos llamados en tanto que hemos sido predestinados para llegar a ser conformados a su imagen, para que Él sea el primogénito entre muchos hermanos. Es decir, debemos parecernos al Señor en palabra, obra y omisión. El genuino y verdadero discipulado consiste en decir, hacer y dejar de hacer como Él lo hizo. Cristo tiene que ser formado en nosotros.

En el proceso de llevar la Palabra a quienes no conocen al Señor encontraremos personas fáciles de ayudar, otras no tanto, personas amables y agradecidas, otras menos, personas nobles y dispuestas a obedecer rápidamente la Palabra, otras renuentes a ello, así que necesitaremos mucho ánimo para no cesar en nuestra labor. Recordemos que en cada uno de nosotros, el Padre, quien empezó la buena obra la perfeccionará hasta que Jesucristo regrese a la Tierra.

El discipulado no es un curso, ni consiste en leer algunos buenos libros, no es cursar un centro de capacitación o una escuela bíblica, ni puede reducirse a un par de años de entrenamiento. Terminaremos el proceso de discipulado en el arrebatamiento o el día de nuestra muerte, lo que ocurra primero.

Entonces, ¿cuál es la meta? La tarea es ser discípulos y hacer discípulos. La meta práctica para el día a día es crecer. Tenemos que crecer un poco más cada día, cada mes, cada año. De esto se trata la lucha del cristiano. Y en tanto que estamos en ese proceso de crecimiento diario estamos llamados a evangelizar, ¿cómo oirán si nadie les predica?

Algunos crecerán más rápido que otros, y habrá temporadas en que nosotros mismos creceremos más rápido y otras más lento.

El apóstol Pablo experimentó un proceso maravilloso, aunque seguramente muy difícil. Primeramente desestimaba todo lo que había obtenido o logrado en su vida, valorando mucho más el amor de Cristo que cualquier otra cosa. Para él la excelencia era conocer a Cristo Jesús sin importarle perderlo todo, considerando su pérdida como basura para agradar a Cristo y permanecer en Él. Pablo no se justificaba por su cultura, su éxito, ni por sus ideas o religión, por las leyes de los hombres o su propia justicia, sino que se sostenía en el poder de Dios, con la plena conciencia de que debía participar en los sufrimientos de Cristo, incluso con la disposición de morir por Él, sabiendo que resucitaría en el día postrero. Desde luego, tenia claridad y conciencia de que le faltaba mucho para ser perfecto... sí, como a ti y como a mí, pero nos animó a seguir en la lucha, olvidando lo que ya pasó; invitándonos a seguir adelante, hasta alcanzar la meta, el propósito por el cual Dios nos llamó en Cristo, enseñándonos para qué fuimos creados: ¡para pasar la eternidad junto a Él! De eso trata la vida cristiana: convertirnos a Cristo y parecernos a Él.

¿Estás en el proceso de crecer, madurar y desarrollarte? ¿Tienes un facilitador de la enseñanza de Jesús?

Un discípulo es una persona que recibe a Cristo en su corazón, lo confiesa con su boca, decidiendo crecer en la gracia y madurar en el conocimiento, limpiando su camino y enderezando su vereda, desarrollando el alma y cambiando el mundo, compartiendo la Palabra y enseñando con el ejemplo. Se trata de un proceso que comienza desde que nacemos de nuevo hasta el último instante de nuestras vidas. ¡Tan fácil o tan difícil como eso! Se trata de un reto enorme, ¡pero más grande es su gracia!

Cristo padeció tomando forma de siervo y estando en esa condición se humilló hasta la muerte para dejarnos ejemplo, para que sigamos sus pisadas. Seguir sus pisadas es decidir, con el poder del Espíritu Santo y en la autoridad en el nombre de Jesús, tener la misma obediencia que Él tuvo, hasta la muerte, como los primeros discípulos. ¡Esa es la obediencia que debemos mostrar! ¡Eso es lo que debemos multiplicar en otros!

Para lograr una hazaña tan grande, debemos decidir ser valientes como David, Gedeón, los apóstoles y tantos mártires que no negaban que Jesús es el Señor, aunque eso les traía la muerte como consecuencia en los coliseos romanos; ellos eran esos violentos que arrebataron el reino de los cielos con violencia, dejándonos ejemplo para que hagamos lo mismo.

¿Eres como uno de esos trescientos guerreros de Gedeón o de los valientes de David que ganaron tantas batallas?¿Eres como uno de los tres mil que recibieron la fe en la primera predicación, o de los cinco mil que lo hicieron en la segunda? ¿Eres como alguno de los discípulos de Cristo que trastornaban las ciudades a las que llegaban? ¿Estás dispuesto a ser uno de esos que hoy y aquí decidan cumplir la gran comisión al costo que sea y hacer discípulos de Cristo a todas las naciones?

A sus discípulos, Jesús les enseñaba a hacer camino andando. Estuvieron con Él noche y día durante tres años, le oían hablar, aprendían practicando, oraban por los enfermos, echaban fuera demonios y se sorprendían que les obedecían, recibían la sabiduría que vertía. Muchas de esas obras no las entendían en un principio, pero eran sembradas semillas que germinarían a su tiempo, en un fruto apacible de justicia al ir cumpliendo la hermosa encomienda que más tarde el Señor les daría, antes de ascender a los cielos: ser, hacer y enseñar lo mismo que vieron en Él durante el tiempo que le acompañaron.

Así es hoy el llamado que tenemos, debemos ser esos facilitadores que enseñen con su propia vida, conquistando nuestras propias batallas, dominando nuestros instintos, doblegando nuestros impulsos, rechazando lo mundano, venciendo tentaciones. Dicho en otras palabras, asumiendo como propio el estilo de vida de Jesucristo y facilitando que otros hagan lo mismo, aprendiendo todos de Jesús y a su vez facilitando sus enseñanzas a muchos más.

Multiplico lo que tengo, no lo que creo
Multiplico lo que hago, no lo que digo
Multiplico hechos, no palabras
Multiplico una forma de vida y no una religión
(ritos, tradiciones, ceremonias)

El ejemplo maravilloso y sin par de Jesucristo tiene dos elementos que son indispensables en el tema del discipulado:
a. Morir a nosotros mismos poco a poco, de manera que la virtud vaya desarrollándose, para después
b. Multiplicarse en otros a través de nuestro ejemplo.

Jesús murió para darnos vida y es eso precisamente lo que quiere continuar haciendo con muchos miles a través de nosotros. Se trata de un tópico tan importante y esencial que un capítulo posterior se desarrollará con mayor profundidad.

Multiplicación

Hace algunos años encontré que la Biblia no sólo toca el tema de la multiplicación sino que el término se menciona expresamente.

Cuando Jesús se refirió a la vid, dijo que las ramas que no llevan fruto deben ser arrancadas y echadas al fuego, pero las que llevan fruto, Dios Padre las limpiará. Es decir, el Señor perdonará, sanará, liberará, madurará y lavará, para llevar más fruto, o dicho de otra manera, para que el fruto se multiplique en otros. Llevamos el fruto que recibimos porque Él produce en nosotros el querer como el hacer, por su preciosa voluntad, provocando que la semilla caiga en la tierra y muera, dando entonces fruto al treinta, sesenta o ciento por uno, para que nadie se pierda sino que todos procedan al arrepentimiento, enseñando a otros para que enseñen a otros, hasta que sean cumplidas las señales antes del fin, cuando será predicado el evangelio a toda criatura.

Cuidemos de estar velando, preparados para aquel precioso día en que nos pondrá sobre todos sus bienes, juntando a sus escogidos.

Así que tenemos un gran premio y debemos enseñar a otros a perseguirlo. El precio que debemos pagar es pequeño comparado con la bendición enorme que nos espera, no la aprisionemos ni la detengamos, es el tiempo de que muchos miles sean enseñados a velar y esperar la gloriosa segunda venida del Señor a esta tierra.

Sin duda que Dios pudo usar cualquier método para lograr su cometido de ir salvando a la humanidad uno a uno hasta que Él venga. Pudo sin duda haber hecho que la televisión o el internet y las redes sociales fueran inventadas en el tiempo de Jesús; sin embargo, decidió usar un método mucho más simple, aunque también más complicado de lograr pues implica el desnudar el alma. La televisión y las redes sociales están deshumanizadas, pues muestran sólo lo que se quiere mostrar, transmitiendo una imagen muy mejorada y distorsionada de la realidad de cada persona. Dichos medios masivos penetran a velocidades inimaginables y se multiplican como la espuma. Tal vez esa es la razón por la que el Señor utilizó y propuso un modelo mucho más simple pero mucho más contundente: enseñó con su propia vida, para que las multitudes enseñaran a otros y esos a su vez a muchos más y así sucesivamente hasta que el mundo fuese alcanzado. Pero algo sucedió, algo detuvo ese crecimiento.

El modelo que Jesús eligió tiene características únicas: primero, fue enseñado directamente por el autor; segundo, se trató de un modelo que no era únicamente teórico sino sumamente práctico; tercero, eventualmente, en el contexto social de aquella época, era la mejor manera de transmitir verdades espirituales; y, cuarto, el momento histórico era el mejor. Jesucristo había sido sacrificado injustamente en esos días por el pecado de la humanidad y quienes vivieron tan trascendente momento tenían fuego para obedecer y mantener vivo el modelo, enseñando a otros para que enseñaran a muchos más. Al menos así sucedió por algunas décadas, una muy pequeña semilla de mostaza fue puesta en las manos adecuadas, para que con el cuidado suficiente y el corazón dispuesto a multiplicar, germinara poderosamente uno a uno, persona a persona, logrando multitudes. ¿Habrán sido miles? ¿decenas de miles? ¿centenas de miles? Seguro que sí. Quizá en aquella época algunos romanos se adjudicaron "el triunfo" de detener el modelo de multiplicación del Señor, pero lo verdaderamente triste es que se detuvo desde adentro, no fue ni la persecución, ni las agresiones para exterminarlo, tampoco lo difícil de haber sido esparcidos por todo el mundo conocido de la época, sino la religiosidad y la carnalidad de algunos, lo que pervirtió el precioso modelo de Jesús.

¡La reproducción discipular se da *sine qua non* si el maestro es Jesucristo!

La responsabilidad del facilitador es continua, de por vida, hasta el final de los días. Toma una vida entera la maduración y por ende el crecimiento del creyente. No se trata de un tiempo cada semana, ni de algunos tópicos o temas por atender, sino de la decisión de vivir nuestras propias vidas en la suficiente armonía y cotidianeidad, de manera que los conceptos, teorías, principios y valores se reproduzcan; que los hechos y realidades sean un sí y un amén que se replique por muchas generaciones, a fin de que logremos el propósito del Señor: predicar el evangelio haciendo discípulos a todas las personas de todas las naciones.

Debemos insistir para que aquello que hemos oído del Señor, lo encarguemos a hombres y mujeres fieles que sean capacitados y aptos para enseñar a otros.

Pensemos en un ejemplo: una primera generación representada por Pablo inicia el modelo de multiplicación aprendido del ejemplo del Señor, enseñando a Timoteo a obedecer lo que Dios nos ha mandado. Así se conformó la segunda generación, para que a su vez enseñara a hombres fieles lo que aprendieron de Pablo; esta fue la tercera generación, quienes replicaron el modelo enseñando a su vez a una cuarta generación y así sucesivamente. La claridad con la que Pablo expuso el modelo no deja lugar a dudas. El facilitador comprueba si su trabajo está siendo efectivo, en la medida que sus alumnos enseñan a otros.

Tal vez nos parezca que los medios de producción masiva, consecuencia del desarrollo tecnológico de las últimas décadas, pudieran ser mucho más efectivos, eficaces y productivos; sin embargo, eso no es lo que el Señor tenía en su mente y corazón. Los seres humanos tendemos a pensar que vale más ganar a muchos al mismo tiempo, en vez de hacerlo poco a poco, o incluso uno a uno.

Tendemos fácilmente a pensar que todo tiempo pasado fue mejor y la razón principal es que esos tiempos pasados, en el caso de muchos, realmente fueron mejores. Hoy día los conceptos de tiempo, costos, eficacia y eficiencia permean en todos los ámbitos, incluso en el espiritual; el meollo del asunto radica en evitar toda mezcla de los conceptos humanos y del mundo con los conceptos espirituales y de Dios.

Dentro de las tendencias actuales, es de lo más natural que busquemos un especialista para cada tema de nuestro interés o necesidad; pero sin duda el experto más sobresaliente es el Señor Jesucristo en todos los temas espirituales. Sus conceptos, principios, valores y todo tipo de propuestas, no sólo siguen vigentes sino que constituyen la luz del faro que alumbra el entendimiento para conocerlo y decidir con sabiduría obedecer lo que nos ha mandado.

Recordemos que Jesús nos dice a todos los que creemos en Él, que si no llevamos nuestra cruz y le seguimos, no podemos ser sus discípulos. Así, nos enfrentamos a estas disyuntivas: muerte o vida, salvación o perdición, amistad con Cristo o enemistad. O estamos con Él o estamos en su contra. De esta manera debemos decidir lo correcto, a fin de convertirnos en sus discípulos, muriendo a nosotros mismos para que en nuestra muerte, reproduzcamos la vida de Jesús nuestro Señor en otros.

Un tema muy trascendente es que el Señor plantea sólo dos alternativas, lo seguimos o lo rechazamos, lo que por supuesto tiene un gran costo que debemos calcular como si estuviéramos construyendo una torre para saber si tenemos lo suficiente para acabarla. Me impacta que muchos de los discípulos del propio Jesús, habiendo calculado lo que significa seguirle, llegaron a apartarse y ya no andaban con Él.

¿Increíble? ¿Inverosímil? ¿Inimaginable abandonar al mismísimo Señor?

Hoy podríamos afirmar que nunca le dejaremos, pero, debemos preguntarnos si realmente estamos dispuestos a pagar el precio de morir a nosotros mismos para seguirle y nunca dejarle. Podemos conservar lo que somos y lo que tenemos, nuestras metas y deseos, nuestros derechos y posesiones, nuestras agendas y nuestro futuro, pero no podemos soslayar que lo que está en juego es nuestro destino eterno. O Cristo es verdaderamente nuestro Señor o simplemente seguimos acomodándonos en nuestras doctrinas y liturgias personales; lo mejor es que decidamos llevar nuestra cruz para ir en pos de Él y ser sus discípulos.

El llamado de Jesucristo hoy es el mismo que hace más de veinte siglos: dejarlo todo y seguirlo, lo que sin duda no se trata de abandonar de manera irresponsable nuestras actividades, sino por el contario, cumplir mejor con todas ellas dando testimonio. Ello lleva implícito cambiar nuestras prioridades, quitando el corazón de lo que nos aleja de su propósito y enfocándonos en cumplirlo, aunque debamos morir con Él para vivir para Él.

Discipular es llegar a creer, vivir y declarar cotidianamente que vamos muriendo poco a poco, más y más, para entonces ir viviendo poco a poco y también más y más.

Como se mencionó con anterioridad, Jesús inició su ministerio llamando a sus discípulos. Dedicó tres años a formarlos, enseñándoles con el ejemplo, el clásico yo lo hago para que veas cómo, después tú lo haces y yo te observo para corregirte, entonces tú lo haces, replicando lo aprendido. Ese modelo hoy sigue vigente, es el trazo y el paso a seguir, enseñar a otros obedeciendo, sin ser sacudidos por las olas, ni ser llevados por vientos de doctrinas, ni por astucia o artimañas humanas erróneas, sino creciendo en todo bien, ajustados y unidos coyunturalmente, haciendo cada uno la parte que nos corresponde, siendo edificados en amor, hasta que todos lleguemos a ser como Él en unidad de la fe, conociéndolo más cada vez y madurando junto a Él. Para crecer, madurar y desarrollarnos en su voluntad debemos cumplir con un ingrediente indispensable en la vida cristiana: vivir insatisfechos.

Esto implica vivir anhelando más del Señor. La oración continua debe ser: "lávame más y más de mi maldad", como lo hizo David. Hemos de sentir hambre y sed de su justicia todo el tiempo, no se trata de realización personal, ni de desarrollo humano; no debemos llegar a estar satisfechos espiritualmente, no podemos pensar que hemos alcanzado un nivel suficientemente santo. Ello sería dejar de considerar que Dios es infinito, que siempre tiene más para cada uno, que su amor nunca deja de ser y que su voluntad es que lleguemos a la plenitud de la estatura de Cristo.

No ser tibio

Imitar a Jesucristo implica vivir vidas radicales, debemos ser fríos o calientes, dar todo o nada en nuestras decisiones, extremistas en lo que hacemos y cómo lo hacemos, radicales en buscarle y depender de Él. Lo más triste que nos pudiera suceder es que el Señor nos vomite de su boca. Decidamos con firmeza vivir insatisfechos y no volver a ser tibios, nunca creamos o pensemos que tenemos lo suficiente en ninguna área de nuestras vidas. Vivamos en constante necesidad, siendo pobres, ciegos y desnudos espirituales y aún miserables y dignos de lástima, para que tengamos la oportunidad de comprar de la mano del Señor oro refinado por el fuego del Espíritu Santo y entonces ser ricos, limpios de las debilidades, limitaciones y carencias de nuestra humanidad, para que también compremos vestiduras blancas que nos vistan de su santidad y ya no estemos más tiempo desnudos con nuestra tendencia a hacer lo malo. Compremos colirio que nos permita ver la vida espiritual, dejando de ver todo aquello que despierta nuestros instintos, alimenta nuestra concupiscencia y seduce nuestros sentidos. Estos sacrificios y enormes esfuerzos cotidianos, al final, repercutirán en esplendorosos premios, si es que nos determinamos a arrepentirnos constantemente, siendo celosos por alcanzarlos: cenaremos con Él y Él con nosotros, de forma personal y nos concederá sentarnos con Él en su trono.

Tal vez tengamos grandes luchas en la búsqueda de santidad, nuestros hechos y trechos, nuestras acciones y reacciones, nuestros pensamientos y sentimientos, nuestros hábitos y costumbres, distan mucho de estar a la altura de lo que el Señor quiere que seamos, pero una cosa debemos hacer, como Pablo, olvidar lo que ha pasado, extendiéndonos hacia delante y prosiguiendo a la meta. Esa sensación que nos revienta en el pecho, que desea intensamente cambiar nuestro corazón duro y exigente por uno compasivo y amoroso, que busca provocar que cada vez tengamos más hambre, que persigamos incesantemente la santidad que la Biblia propone, que tomemos decisiones firmes y radicales de agradar a Dios en todo. Si todo eso lo hacemos en oración, enseñando, compartiendo el pan y teniendo en común todas las cosas que lleguemos a recibir de Él, dando el ejemplo para enseñar a otros, estaremos cumpliendo el mandato de Jesús de hacer discípulos.

Esto es lo que el mundo necesita desesperadamente, es el único antídoto para el odio, la corrupción, el egoísmo, la envidia y la soberbia, que son quizá los fundamentos principales que provocan los males de la humanidad y la manera de que eso cambie es que la gente conozca a Dios y a quien Él ha enviado, a Jesucristo. Él es la vid verdadera y sin Él nada podemos hacer; sólo tenemos dos opciones: llevamos fruto o nos secamos y somos echados al fuego.

Discipulado es sinónimo de un cambio constante y cotidiano, morir cada día un poco más, renunciar a nuestros satisfactores y encontrar en todo lo que hagamos un propósito divino, que sea de bendición para nosotros y para quienes nos rodean.

No se trata de aislarnos, ni de vivir sacrificándonos, sino de integrarnos a sus planes, vivir para compartir la Palabra con los que le necesitan (todo el mundo le necesita), buscar el propósito de Dios para cada cosa que hagamos; preguntándole a Dios ¿te agrada?, ¿te sirve de algo?, ¿quieres hacer algo en esa reunión?, ¿me vas a enseñar algo en tal actividad?, ¿será útil para mi crecimiento?, ¿ese reposo o descanso me hace falta?, ¿es ejemplo para otros?

Dejar lo propio para conseguir lo suyo, además de ser lo que Dios nos pide, es lo que nos conviene, para eso hemos sido creados. Cuando le decimos al Señor que hemos dejado todo por seguirlo, Él nos da preciosas promesas, nos dice que si dejáramos a la familia y las cosas que poseemos por Él y por el evangelio, no se refiere a abandonarlos, sino a redefinir prioridades, recibiremos cien veces más en esta vida: relaciones familiares transformadas por el amor de Dios y nuevas relaciones dentro de la familia de Dios.

Jesucristo trajo espada, no para dividir, pero sí para separar la luz de las tinieblas, vino a que nos convirtamos de las tinieblas a su luz admirable, lo que implica sacrificio y separación, recibir burla, desprecio, rechazo, que digan toda clase de mal contra nosotros y que como respuesta obediente, paguemos el mal con el bien, aprendiendo de nuestros errores y fracasos, incluso llegando al extremo de amar a nuestros enemigos. Lo que no significa tener sentimientos o emociones favorables, ni bajar la cabeza calladamente, sino por el contrario, con toda valentía y confianza en Dios decidir con firmeza ayudarlos y bendecirlos a pesar de sus persecuciones y agresiones, que por cierto, todas ellas tienen un enorme valor en ayudar a que no nos exaltemos demasiado y pensemos con cordura, no teniéndonos a nosotros mismos en un concepto más alto que el que debemos tener.

Entender por qué somos perseguidos es fácil cuando decidimos romper con el mundo y su seducción, separándonos cada día un poco más de lo mundano, de lo que el mundo es y piensa, de sus formas y presentaciones, de su corrupción e incesante degradación. Cuando el mundo nos rechaza, nos agrede y persigue, son las mejores señales de que estamos haciendo lo correcto. Sin embargo, no podemos escudarnos en tales adversidades para no cumplir la meta, es ahí en donde necesitamos de la habilidad del amor y del poder del Espíritu Santo para acercarnos al fuego sin quemarnos, para poder hablar de Dios con quienes no le conocen en sus lugares, en sus ambientes, en donde ellos se encuentran. No se trata de andar buscando tentaciones que vencer, ni de conformarnos con el mundo, sino precisamente lo contrario, inconformarnos con sus carencias y valores, renovando nuestras ideas y pensamientos, costumbres y hábitos para poder vivir la buena, agradable y perfecta voluntad de Dios para nuestras vidas.

Entonces, podremos mostrar el testimonio de la milagrosa transformación del más duro corazón de piedra por un corazón de carne, y veremos cómo se vuelven los corazones de los padres hacia los hijos y de los hijos hacia los padres, inundados de amor los unos hacia los otros.

Alcanzar multitudes como sucedía en los primeros setenta años después de la ascensión del Señor, implica la necesidad de cambiar las estrategias, no seguir encerrados en cuatro paredes, esperando pacientemente que Dios venga o nos llame antes a su presencia, quejándonos de lo mal que el mundo se encuentra, criticando a los de afuera, llegando incluso a considerarlos incircuncisos, irredentos e impíos, cuando son sólo pecadores como nosotros, que necesitan al Salvador, tanto como nosotros.

Tal vez nos han agredido, nos han mostrado odio y rencor por el cambio en nuestras vidas al haber recibido a Cristo en el corazón. Sin embargo, con la persistencia de nuestro testimonio más que con las palabras, la gente cede y al encontrarse en necesidad escuchan o simplemente llega su *kairos* y al final nos buscan y nos escuchan para entregarse al Señor como lo hemos hecho nosotros mismos.

Debemos estar dispuestos a dejar todo, incluso posesiones y propiedades, pues en algún caso el Señor podría pedirnos esas cosas, si es que nuestras prioridades son equivocadas o nuestro corazón se encuentra volcado hacia ellas, como el caso del joven rico que amaba más lo que poseía, el nivel social y reconocimiento que eso le proporcionaba.

Lo que el Señor quiere y necesita es nuestro corazón, que le amemos a Él más que a cualquier persona o cualquier cosa o situación.

¿Qué es y qué no es discipular?

1. No es tomar clases teóricas semanales. Sí es construir un compañerismo frecuente con una interacción profunda entre el facilitador y el nuevo discípulo de Jesús.
2. No es dar órdenes desde una jerarquía eclesiástica con la tácita o manipuladora amenaza de perder el favor de Dios. Sí es brindar motivación y un reconocimiento sincero al esfuerzo por obedecer y a la dedicación en servir a la obra de Dios.
3. No es una fachada religiosa de aparente santidad y pseudo-perfección. Sí es una convivencia abierta y honesta; el facilitador tiene las mismas luchas que el discípulo, quizá sólo va unos pasos más adelante y tiene un poco más de experiencia en obedecer al Señor y seguir sus pisadas.
4. No es enseñorearse del discípulo, ni de sus decisiones personales. Sí es exhortación y consuelo, opinión y consejo bíblico.
5. No es perseguimiento. Sí es seguimiento.
6. No es agradar a los hombres, ni por parte del facilitador ni por parte del discípulo. Sí es agradar a Dios abundado en ello más y más.
7. No es avaricia económica ni de realización personal. Sí es dar de gracia lo que de gracia vamos recibiendo.
8. No es paternidad espiritual. Sí es aprecio, condescendencia y profunda amistad.
9. No es convertirnos en facilitadores super dotados espiritualmente. Sí es el llegar a ser, como facilitadores, siervos que viven luchando por hacer lo correcto.

10. No es imposición. Sí es ejemplo.
11. No es una responsabilidad y compromiso asumidos ante los seres humanos. Sí es asumirlos ante el Señor.
12. No es sentir superioridad sobre el discípulo. Sí es darle un servicio humilde y respetuoso tomando el ejemplo del propio Señor Jesucristo.
13. No son actos piadosos que buscan manipular el favor de Dios. Sí es mucha oración de intercesión y ayuno.
14. No es presumir un ejemplo imaginario. Sí es enseñar a obedecer, obedeciendo.
15. No es injusticia, intransigencia, intolerancia, egoísmo, indiferencia o irresponsabilidad. Sí es justicia, permanencia, constancia, prestancia, responsabilidad y honestidad.
16. No es perfección. Sí es dependencia total de Dios
17. No es contender sobre opiniones. Sí es oír la voz de Dios en su Palabra, juntos, facilitador y discípulo.
18. No es una división sectaria o elitista, Dios no hace acepción de personas. Sí es multiplicación, reproduciendo en otros las enseñanzas de Jesús.
19. No es al final de la gran carrera, que dura el resto de la vida, recibir una corona corruptible. Sí es recibir de la gracia y misericordia de Dios una corona incorruptible.

Volvamos a lo básico, es tiempo de que sigamos el ejemplo de los primeros creyentes, enseñando no *de* la Palabra sino *la* Palabra, predicando a Jesucristo crucificado y a Éste resucitado, haciendo discípulos enseñándoles a obedecer a través, de nuestra propia obediencia al Señor.

CAPÍTULO 2

¿Qué sucedió?
HISTORIA DEL CRISTIANISMO

¡Algo tuvo que suceder!

Todo lo que el Señor hace es perfecto, por tanto, el modelo que Jesús diseñó para evangelizar al mundo entero lo es también. Funcionó los primeros años, pero se detuvo, ¡algo lo detuvo! Algo tuvo que pervertir tal perfección. La cuestión queda clarificada si pensamos que el modelo fue encargado a seres humanos, como tú y como yo, lejanos de ser perfectos. Los seres humanos al tener una naturaleza caída y al ser apartados de la gloria de Dios por el pecado, heredamos una naturaleza pecaminosa, lejos del diseño del Señor para la humanidad. Sólo podemos ser liberados de esa naturaleza pecaminosa al recibir a Jesucristo en el corazón, confesándolo con la boca y creyendo en el corazón que vive y vive para siempre e iniciando el hermoso y milagroso proceso de ir siendo lavados por la Palabra de Dios. De esa manera poco a poco vamos siendo limpiados de nosotros mismos y el Espíritu Santo va llenando huecos en la medida que obedecemos su verdad. El modelo del Señor se basó en la conformación de grupos pequeños, en los cuales sus discípulos obedecían la orden de Jesús, enseñando a otros a obedecer lo que Él les había mandado. Sin embargo, el debate acerca de por qué su modelo, paulatinamente, fue abandonado y con el transcurrir de los años se convirtió en un sistema jerárquico, piramidal y monolítico, se fundamenta en cuando menos, cuatro razones fundamentales:

1. El ataque demoledor de las persecuciones romanas por las que se exterminó cerca de un millón de creyentes,[2] podemos encontrar testimonios increíbles de fe y valor. Aunque algunos abandonaron la lucha por temor a la muerte, esos ataques esparcidos por todo el mundo conocido de aquella época, también provocaron que los primeros cristianos predicaran de Jesucristo con mayor ímpetu y denuedo. Cuando cesaron las persecuciones, los creyentes se establecieron en diferentes lugares y el esfuerzo por compartir las enseñanzas de Jesús disminuyó, dejaron la angustiante itinerancia y se convirtieron poco a poco a una calmosa pasividad. Así, comenzaron a pensar más en la organización que en la pasión de ir por todo el mundo haciendo discípulos de Jesús.
2. La falta de una estructura definida que permitiera a los discípulos transmitir con claridad verdades teológicas universales, recordemos que ellos no contaban con la Biblia escrita, como la tenemos ahora. Es fácil entender que si hoy en las congregaciones caemos en equivocaciones doctrinales y sufrimos de infiltraciones externas y extremas, mucho más sucedía en aquellos días.

---

[2] Aunque no existen cifras oficiales al respecto, los testimonios escritos que se han logrado rescatar, pero sobre todo los testimonios orales de los asesinatos en masa que ocurrieron a partir de las diez persecuciones romanas (y las subsecuentes hasta el siglo IV), nos permiten hacer un cálculo bastante cercano, especialmente por el tremendo odio con que se llevaron a cabo algunas campañas, como la de Vespaciano que mando acuñar una moneda con la inscripción: "Vespaciano, el que destruyó al cristianismo".

3. La intrusión de la política en asuntos espirituales[3] que condujeron a la Iglesia a escenarios de confusión primero, permisión después y finalmente de corrupción, distorsionando completamente el mandato de Jesús.

4. Las contiendas, guerras y asesinatos por la supremacía del papado romano que exigió ser *primo inter primus*, (primero entre iguales), sobre los demás centros cristianos preponderantes como Jerusalén, Antioquía, Alejandría y especialmente Constantinopla, consumando la enajenación del modelo discipular y estableciendo el modelo del catolicismo romano.

Los factores señalados tienen varias aristas que se sumaron a la complejidad que ya se vivía. Situaciones aleatorias se fueron sumando a la enorme y enmarañada red que los distintos grupos cristianos vivieron, en sus primeros tres siglos de existencia y en los que se claudicó el modelo original en favor de un modelo litúrgico dirigido por un oficiante.

Sobre todo lo anterior existe un factor importante al que podemos llamar "factor de imitación". La estratagema de Satanás es imitar, igualar y superar, si le fuera posible, la estructura del monte de Dios para establecer su propio reino, un imperio de dominio y control sobre la creación divina que anhela para sí y trata de robar.

Este es el *kosmos*[4], asentado sobre siete montes y cuya estructura está diseñada de manera que organiza a la humanidad incrédula conforme al príncipe de este mundo, de acuerdo con sus pasiones, para satisfacer los deseos de la carne y de la mente bajo las premisas de los principios de

---

[3] A partir de la supuesta conversión de Constantino al cristianismo y particularmente bajo las órdenes del emperador Joviano por las que el Cristianismo adquirió el rango de "obligatorio", provocando abusos terribles y persecuciones, pero ahora en contra de los no cristianos, con asesinatos y atropellos que denigraron a la verdadera fe, imponiéndola como una política de gobierno.

---

[4] A la falsificación del reino, el Señor Jesucristo la denominó: *el mundo*. La Escritura señala enfáticamente que no amemos al mundo ni lo que está en el mundo, pues los deseos de la carne y de los ojos, el orgullo de dominar a otros y la soberbia de la auto realización, no provienen de Dios. La Biblia también subraya que si me convierto en amigo del mundo logro enemistad con Dios. Así que con el propósito de diferenciar la palabra "mundo" de la que denomina al planeta y evitar cualquier posible confusión, hemos decidido usar en este es-

fuerza, egoísmo, orgullo, ambición y placer, bajo una apariencia religiosa, culta, científica, y hasta elegante, que se sostiene bajo una autoridad contraria a la voluntad de Dios.

A través de la historia, Satanás ha ido perfeccionando su treta de imitación, refinándola para hacerla cada vez más atractiva y ambiciosa. En las Escrituras encontramos los relatos de estos intentos y fracasos por constituir el *kosmos*.

Toda ciudad, metrópoli y nación, es decir, toda civilización, descansa sobre siete conceptos, "montes" o "esferas" que son: el gobierno, la educación, las finanzas, los sistemas de salud, el arte y el entretenimiento, las comunicaciones y la religión.

Dios es soberano y es el Señor de la historia. Por supuesto que no fue casual que escogiera enviar a su hijo, el Señor Jesucristo, en un momento crucial en la historia de la humanidad. Algunos opinan que si el Señor hubiera nacido en nuestro siglo, los medios de comunicación y la tecnología actual le proporcionarían la capacidad de convencer al mundo a través de las redes sociales, y el internet, casi de manera instantánea.

Sin embargo Jesús escogió nacer en un tiempo especial, en el momento en que Satanás estaba perfeccionando su mejor modelo: el imperio romano[5]. Modelo que ha venido repitiéndose prácticamente en todas las civilizaciones desde entonces. En nuestros días, en todas las universidades del mundo se estudia el derecho romano, la arquitectura está basada en los principios de construcción que los romanos esparcieron por toda Europa y que siguen causando asombro y admiración, basta ver el Coliseo de Roma para convencernos de la capacidad arquitectónica

---

crito la palabra *kosmos*, que proviene del griego, lengua original en que se escribió el Nuevo Testamento, y que literalmente se traduce como mundo.

---

[5] El imperio romano dominó al mundo por cerca de dos mil años. Su dominio se extiende desde el establecimiento de Roma bajo el gobierno de los doce césares (46 ac - 96 dc). Posteriormente bajo el dominio de los llamados cinco emperadores buenos (96 - 180), el debilitamiento y caída del imperio romano (180 - 395), y el imperio dividido –Imperio Romano de Occidente y el Imperio Romano de Oriente o Imperio Bizantino, en Constantinopla- (395 - 651). De las ruinas del Imperio Occidental surgió el imperio papal, y Roma siguió dominando al mundo otros mil años más.

romana y su tecnología. Los científicos siguen usando palabras en latín, lo mismo que los lingüistas, para establecer muchos términos que seguimos utilizando. Incluso el idioma español es parte de las lenguas romances (es decir que provienen de raíces romanas) como el italiano, el francés o el portugués; usamos el sistema gregoriano para medir el tiempo, el cual fue iniciado por Julio César y modificado por Gregorio XIII. También el sistema político de representación del pueblo a través del senado es una de las fórmulas perfeccionadas por los romanos, más usadas entre las naciones de la actualidad. Hasta la Organización de las Naciones Unidas usa un modelo senatorial para su sistema de gobierno; México, por supuesto tiene la figura del senado como uno de sus órganos de representación popular.

Con esto en mente, haremos un breve recorrido por la historia de la Iglesia[6] en los primeros siglos de su existencia, justo cuando se deja de aplicar el modelo discipular usado por Jesucristo y hasta la instalación del sistema litúrgico[7], que ocurre en el marco del enfrentamiento del *kosmos* contra el Reino.

46-44 a.C.
Julio Cesar, primer césar o emperador romano; con él se inauguró la más completa forma del Kosmos, que es la falsificación del Reino. Las Escrituras están llenas de alusiones directas en contra del mundo, su forma de gobierno, estilo de vida y sus contenidos, se destaca que

---

[6] La palabra Iglesia aparece muy pocas veces en la Escritura y tiene un trasfondo nada religioso. Proviene de los vocablos griegos ek kaleo que se traducen como "sacar" (*ek*) y "apartar" o "separar" (*kaleo*). Esta composición puede traducirse como "llamados afuera", "asamblea separada", o "grupo aparte". Este nombre se le asignaba a un grupo de ciudadanos que eran escogidos para llevar a cabo las tareas legislativas de la polis, es decir, de la comunidad, para tomar decisiones de dirección y gobierno, o como llamamos hoy en día, políticas públicas. En tanto que la democracia griega era sexista, racista y elitista (solo la formaban varones, griegos por nacimiento y de las altas clases sociales); entre los cristianos se abolían las barreras sexuales, étnicas, sociales y políticas, no se hacía diferencia entre griego o judío, ni entre esclavos o personas libres, ni entre hombres y mujeres y, por lo tanto, no existía una estructura jerárquica que se apropiara la autoridad, sino que ésta emanaba de la integridad, el trabajo, y la conducta de sus líderes.

[7] El sistema litúrgico es aquel que se basa en un culto o servicio religioso dirigido por un oficiante, generalmente un sacerdote, quien se convierte en un intermediario y por ello adquiere autoridad y dominio.

"el príncipe de este mundo" es Satanás. Los césares reclamaban que se les adorara como dios, no necesariamente el Dios supremo sino como uno más en los diversos cultos de las religiones de los pueblos conquistados. Los romanos tenían un panteón inmenso, con muchos dioses tomados de los griegos, pero también propios, especialmente sus antepasados, a quienes recurrían para protección y guía.

31 a.C. - 14 d.C.
Augusto, segundo césar; nacimiento de Cristo.

30 d.C.
Inicio del ministerio discipular del Señor Jesús.

33 d.C.
Crucifixión y resurrección de Jesucristo (siendo emperador Tiberio, tercer césar)

33 al 70 d.C.
Desarrollo del modelo discipular y creación de una estructura de masas, mostrado en el libro de los Hechos de los Apóstoles.

- Grupo inicial, en Jerusalén, formado por ciento veinte personas.
- Primeros convertidos: tres mil personas (Hechos 2:41).
- Grupos discipulares (Hechos 2:42, 46).
- Se añadían cada día (modelo uno a uno) (Hechos 2:47).
- Convertidos en la segunda predicación: cinco mil varones (Hechos 4:4) Estas son las dos únicas referencias a conversiones en masa y que se explican por la explosividad del mensaje, lo excepcional del contexto y la oportunidad, fueron espontaneas y no premeditadas ni convenidas. El crecimiento de la Iglesia usó el modelo discipular y no el evangelismo de masas.
- Aumentaban (Hechos 5:14).
- Se consolida el modelo discipular (Hechos 5:42).
- Crecía el número de los discípulos (Hechos 6:1).
- Se multiplican. Aún los sacerdotes obedecían la fe (Hechos 6:7).
- Son "esparcidos" (Judea y Samaria) a causa de la persecución (Hechos 8:1).
- Los esparcidos comparten la fe *por todas partes* (Hechos 8:4).

- (Hasta lo último de la tierra) En muchas poblaciones (Hechos 8:25) En todas las ciudades (Hechos 8:40).
- Eran edificados... y se acrecentaban (Hechos 9:31).
- Se rompe la barrera del judaísmo (Hechos 10:34,35; 11:1; 11:20,21).
- Gran multitud fue agregada (Hechos 11:24).
- En Antioquía se les llamó cristianos (Hechos 11:26).
- La predicación crecía y se multiplicaba (Hechos 12:24) (no los creyentes sino las formas y modelos de enseñanza).
- El evangelio se difundía por toda aquella provincia (Hechos 13:49).
- Multitudes mixtas de conversos: judíos y griegos (Hechos 14:1).
- Organización estructural: constituyeron ancianos en cada *Iglesia* (Hechos 14:23) Esta estructura era necesaria porque el crecimiento ya no era sólo celular sino masivo y había necesidad de agruparlos bajo un liderazgo. El modelo discipular se mantenía y los discípulos se reunían en el "día del Señor" a la celebración.
- Primer Concilio cristiano (Hechos 15:4).
- Resoluciones (Hechos15:29).
- Eran confirmados en la fe y aumentaban en número cada día (Hechos 16:5) (crecimiento exponencial, esto es, que se multiplica por sí mismo).
- Éstos que trastornan el mundo entero también han venido acá (Hechos 17:8)

El modelo discipular está presente de manera tangencial en el relato del libro de los Hechos, que abarca un periodo de un poco más de treinta años, los nuevos creyentes no estaban bajo el liderazgo de pastores. Se reunían en casas particulares, obviamente, de los nuevos creyentes. Tal vez, alguien pudo haber donado alguna propiedad donde se mantenía una especie de comuna, pero nunca fue un modelo que se repitiera para convertirse en el formato regular de la práctica cristiana y mucho menos al desatarse la furia de las persecuciones.

El que sí fue en determinado momento un sitio de reunión oficial durante los primeros años, y particularmente para los creyentes judíos, fue el templo, ubicado en Jerusalén[8]. Sin embargo, los cristianos no consideraban el edificio como un lugar de culto, sino que habían sido educados en la convicción de la presencia del Eterno detrás del velo, la *shekina*, el Lugar Santísimo. Jesucristo mismo les había manifestado que Él era aún, superior a este concepto religioso, al asegurarles que uno mayor que el templo estaba con ellos, refiriéndose a sí mismo, lo que claramente pudo haberse interpretado escandaloso y hasta blasfemo por los fariseos, así que los conversos al cristianismo, aun siendo judíos sabían que ni el lugar ni el sacrificio que allí se oficiaba eran mayores que el mensaje que ahora predicaban. Cuando fueron esparcidos ya no tuvieron un espacio de esa envergadura, y menos cuando comenzaron las conversiones de gentiles que no entendían la centralidad del lugar de reunión del mismo modo en que lo consideraban los creyentes judíos.

64 d.C.
Primera persecución imperial por parte de Nerón: martirio de Pablo y, de acuerdo a la tradición, también de Pedro. La tradición dice que Pedro era el *obispo* de Roma por los últimos 25 años antes de su muerte, lo que no tiene ningún fundamento histórico y menos escritural. Cuando Pablo escribió su última carta, un poco antes de su martirio, hizo mención de romanos distinguidos que lo auxiliaron, pero no saluda a Pedro. Si Pedro hubiese sido el obispo de los discípulos en Roma, seguramente hubiera sido mencionado. Pablo saluda, entre otros, a Lino, quien según la tradición católica, asumió el "papado" a la muerte de Pedro, lo cual resulta inverosímil.

70 d.C.
Destrucción de Jerusalén por Vespasiano. Diáspora judía.

70 al 75 d.C.
Consolidación de los grupos cristianos en cinco centros metropolitanos: Jerusalén, Antioquía, Alejandría, Roma y Constantinopla.

---

[8] El templo de Jerusalén fue construido originalmente por Salomón, destruido hasta los cimientos por Nabucodonosor y reconstruido por los repatriados de la cautividad babilónica, le llamaron el Templo de Zorobabel.

96 d.C.
Segunda persecución imperial por Domiciano, quien desterró a Juan.

Persecuciones romanas

98-117 d.C.
Trajano. Durante su mandato se dijo que los cristianos "eran ya tan numerosos que los templos paganos estaban casi desiertos".

17-138 d.C.
Adriano. Persiguió a los cristianos.

138-161 d.C.
Antonio Pío[9]. El más noble de los emperadores, persiguió a los cristianos.

161-180 d.C.
Marco Aurelio. La edad de oro del Imperio Romano. Persiguió a los cristianos. Filósofo y hombre bueno pero consideró a los cristianos como subversivos porque no obedecían la ley y la desafiaban.

100 - 700 d.C.
Patrística. Muerte del apóstol Juan. Época en la que se destaca la actuación de liderazgo y enseñanza de los discípulos originales. Ninguno de ellos se adjudicó o apoderó de autoridad superior sobre los demás, siendo muchos de ellos los líderes de sus comunidades.

Su mayor aporte fue la defensa por la pureza del evangelio y la doctrina, rechazando las ideas externas que se iban filtrando en las congregaciones, que generalmente se reunían en casas[10]. El culto que se realizaba no obedecía a un formato preestablecido y universal, así que las reuniones más que de celebración eran de proclamación y enseñanza.

---

[9] *Pío*, es un acrónimo de *pieta* que significa pureza, bondad, santidad. A pesar de ser virtuoso, Antonio Pío persiguió a los cristianos pues los consideraba sediciosos.

[10] El modelo bíblico consiste en que los cristianos se reunían en las casas, donde se predicaba la salvación en Jesucristo a personas que cada discípulo invitaba. Además

Entre los más destacados "Grandes Padres" (de ahí el término patrística), se encuentran Irineo, Clemente de Alejandría, Atanasio, Eusebio, Policarpo, Tertuliano, Dionicio, Justino, Orígenes, Ignacio, Papias, Juan Crisóstomo, Jerónimo, Agustín de Hipona.

100 - 350 d.C.
Libros circulantes. Los universalmente aceptados: Mateo, Lucas, Juan, Hechos, Romanos, 1a y 2a carta a los Corintios, Gálatas, Efesios, Filipenses, Colosenses, 1a y 2a carta a los Tesalonicenses, 1a y 2a carta a Timoteo, Tito, Filemón, 1a de Pedro; 1a y 2a de Juan, Apocalipsis
Los disputados: Hebreos, Santiago, 2a Pedro, 3a Juan, Judas, carta de Bernabé, el pastor de Hermas. Estos últimos considerados no inspirados pero ortodoxos en su doctrina por lo que se permitía su lectura.
Los espurios: el Evangelio de Nicodemo, los Hechos de Pilatos, el protoevangelio de Jacobo, el Evangelio de Felipe, el Didaché, entre muchos otros.
Los heréticos o falsos: el Apocalipsis de Pedro, el Evangelio de Pedro, el Evangelio de Tomás, el Evangelio de Matías, los Hechos de Andrés y los Hechos de Juan.

180-416 d.C.
Decadencia y caída del imperio romano

193-211 d.C.
Septimio Severo. Persiguió a los cristianos.

211-217 d.C.
Caracalla. Toleró al cristianismo.

218-222 d.C.
Elagabalo. Toleró al cristianismo.

222-235 d.C.
Alejandro Severo. Favoreció al cristianismo.

---

compartían enseñanzas básicas de la fe y tomaban juntos los alimentos en conmemoración de la cena del Señor. La primera construcción que se usó como un templo cristiano fue un edificio donado por el emperador Alejandro Severo, pero el que es considerado como el primer templo cristiano, fue construido hasta el año 321, sobre los antiguos cuarteles de la Guardia Pretoriana; actualmente se le conoce como Basílica de San Juan de Letrán. En 324 el emperador hizo construir otra magnífica basílica en la colina Vaticana, en el mismo lugar donde, según la tradición, martirizaron a Pedro en este lugar se encuentra la actual Basílica de San Pedro.

235-238 d.C.
Maximinio. Persiguió a los cristianos.

244-249 d.C.
Felipe. Favoreció grandemente al cristianismo.

249-251 d.C.
Decio. Persiguió ferozmente a los cristianos.

253-260 d.C.
Valerio. Persiguió a los cristianos.

260-268 d.C.
Galieno. Favoreció a los cristianos.

270-275 d.C.
Aureliano. Persiguió a los cristianos.

284-305 d.C.
Diocleciano. Persiguió con furia a los cristianos.

306-337 d.C.
Constantino. Se hizo cristiano él mismo.

313 d.C.
Edicto de Tolerancia de Constantino, que daba a los cristianos libertad para reunirse sin miedo a sufrir persecuciones. Cuando terminaron las persecuciones imperiales, se calcula que eran cristianos cerca de la mitad de los habitantes del Imperio Romano. Probablemente alrededor de **cincuenta millones de romanos convertidos al cristianismo.**

315 d.C.
Donación de Constantino; documento espurio probablemente escrito en el año 626, trescientos años después de su muerte.

325 d.C.
Concilio de Nicea, considerado el segundo concilio de la Iglesia, después del de Jerusalén, para deliberar la controversia arriana sobre la divinidad de Jesús. Arrio sostenía que Cristo, habiendo sido creado, no era Dios mismo.

361-363 d.C.
Juliano, el apóstata. Intentó restablecer el paganismo.

363-364 d.C.
Joviano. Restableció la fe cristiana. A partir de este momento se dan las terribles contradicciones en la fe cristiana, pues se declaró al cristianismo como la religión del estado haciéndola, por momentos, obligatoria.

367 d.C.
Concilio en Laodicea. Lista de Atanasio para seleccionar los libros del canon.

381 d.C.
Concilio de Constantinopla. Se delibera sobre la divinidad del Espíritu Santo.

397 d.C.
Concilio de Cártago. Establecimiento del Canon del Nuevo Testamento y ratificación del Antiguo Testamento[11] en una sola colección: la Biblia.

420 d.C.
Traducción de la Biblia, de las lenguas originales al latín, por parte Jerónimo, en Belén. Esta es la versión adoptada por el obispo de Roma, que ya se hace llamar Papa, y que será la versión oficial de la Iglesia Romana (occidental), por más de mil años. La versión recibe el nombre de Vulgata Latina, que significa latín del vulgo.

431 d.C.
Concilio de Éfeso. Se proclama la divinidad de María.

---

[11] Para este tiempo, el canon del Antiguo Testamento estaba ya establecido y reconocido por el pueblo hebreo. Su establecimiento se debe a Nehemías y Esdras, quienes formaron la escuela rabínica conocida como "La Gran Sinagoga" a su regreso a Jerusalén después del cautiverio. Ellos realizaron la más extensa recopilación de libros sagrados. Con esta primera selección de textos sagrados que formarían las Escrituras, se estableció el **orden o canon hebreo**, agrupándolos en 22 libros, uno por cada letra del alfabeto hebreo. Este orden hebreo seleccionó los libros divinamente inspirados de los apócrifos (incluidos por el catolicismo en el llamado "canon extendido" en 1620), de los libros que hoy faltan y los agrupó en tres secciones: *Torá* (Ley), *Nevi'in* (Profetas) y *Ketuvim* (Los Escritos). En el año 250 a.C. se realizó la primera traducción de las Escrituras al griego, edición conocida como "Septuaginta", y en el año 90 a.C. se realizó el Concilio de Jamnia, un concilio rabínico en el que las Escrituras fueron ratificadas, agrupándolas en 24 libros. Estas son las Escrituras que se usaban en el tiempo de Jesús y entre el pueblo de Israel hasta hoy.

451 d.C.
Concilio de Calcedonia. Se falla contra la controversia eutiquia que decía que la naturaleza humana de Jesús era nula, pues había sido absorbida por la divina.

680 d.C.
Concilio de Constantinopla. En contra de la doctrina de las dos voluntades en Cristo.

787 d.C.
Concilio de Nicea II. Sancionó el culto de imágenes.

869 d.C.
Concilio de Constantinopla. Rompimiento definitivo entre Oriente (Constantinopla) y Occidente (Roma). Fue el último concilio ecuménico, los demás sólo son romanos.

En resumen, el increíble crecimiento de la Iglesia, documentado explícitamente en la Escritura durante los primeros setenta años de su historia, fue impresionante. Entre otras razones y de manera sustancial, por el sistema discipular en el que los primeros creyentes basaban su convivencia, enseñanza, disciplina y congruencia.

Durante la época Patrística los creyentes tuvieron que enfrentarse a las más terribles, crueles e injustas de las persecuciones, torturas y asesinatos, dejando ejemplos de entereza y fe que siguen conmoviéndonos a casi dos mil años de distancia. Estos primeros creyentes, trataron de continuar con el modelo de Jesús, pero al mismo tiempo, buscaron establecer una estructura que pudiera asimilar el enorme crecimiento sostenido que vivían.

Esta época fue una de las mayores amenazas para mantener la pureza de un modelo bíblico que no requería de templos, sacerdotes u oficiantes, liturgia, rituales, utensilios ni ornamentos, sino que se llevaba a cabo en los domicilios de los creyentes o en lugares públicos como las sinagogas, auditorios o el Areópago griego.

Entre los siglos IV y VII se fraguó el empoderamiento de la política sobre el innegable crecimiento cristiano para controlar su influencia, su respetabilidad y sus millares y millares de convertidos, manipulando la liturgia, sustituyendo la doctrina y rompiendo el movimiento discipular para consolidar una estructura vertical. La Iglesia hasta entonces no tenía un *representante*, y mucho menos una *cabeza*, sino que había grandes colectivos en ciudades de importancia y otras que tenían una noble tradición cristiana y su voz era escuchada en los concilios. Así, las decisiones se tomaban horizontalmente en un diálogo de iguales.

Con la conversión de Constantino y la emisión del Edicto de Tolerancia, la historia dio un giro total favoreciendo a los cristianos en todas las formas posibles. Los colocó en puestos prominentes, eximió de impuestos y del servicio militar a los obispos, impulsó la construcción de templos, que empezaron a llamar "iglesias" trastocando el sentido real de la palabra. De esta forma, el cristianismo se convirtió en la religión de su corte, razón por la cual, en el año 325 emitió una exhortación general a todos sus súbditos para que abrazaran el cristianismo; y toda vez que la aristocracia romana persistió en adherirse a sus religiones paganas, trasladó la capital del imperio a Bizancio, llamándola Constantinopla, la Nueva Roma y capital del imperio cristiano.

Constantino declaró el domingo, día de celebración por la resurrección de Jesucristo, como día de descanso obligatorio incluso para los esclavos, permitiendo que los soldados cristianos asistieran a las reuniones de sus congregaciones.

Aunque Constantino había hecho que el cristianismo fuera, en la práctica, la religión del estado, ésta llegó a serlo oficialmente bajo el gobierno de Teodosio (378-395), quien hizo obligatoria la membresía en la Iglesia. Fue la peor calamidad que jamás le sucediera a la Iglesia, hasta los días de Constantino la conversión era voluntaria, un cambio genuino de corazón y de vida, pero entonces, la conversión obligatoria llenó las reuniones de personas no regeneradas. Compenetró a la Iglesia el espíritu militarista de la Roma imperial. La Iglesia cambió de naturaleza y sobrevinieron mil años de desviaciones.

Con la cristianización del Imperio se abolieron la esclavitud, los combates de gladiadores, el infanticidio de los hijos indeseados y la crucifixión como forma de ejecución. Aunque durante el reinado de Alejandro Severo (222-235) se destinó un edificio para reuniones, es con el reinado de Constantino que se edifican los primeros templos que con el tiempo se convirtieron en basílicas.

Bajo el mando de Teodosio (379-395) se instaura definitivamente el cristianismo por sobre cualquier otra expresión religiosa, al decretar a la Iglesia Romana institución del Estado, suprimiendo por la fuerza a toda otra religión, prohibiendo la adoración de ídolos. Bajo sus decretos los templos paganos fueron arrasados por turbas de cristianos, y hubo mucho derramamiento de sangre. La Iglesia ya había entrado en una gran apostasía, había conquistado al Imperio Romano, pero en realidad el Imperio conquistó a la propia Iglesia, no aboliéndola sino rehaciéndola a su propia semejanza de acuerdo al "factor de imitación".

La Iglesia Imperial de los siglos **V** y **VI** se había convertido en una institución completamente diferente de la Iglesia perseguida de los tres primeros siglos. En su ambición de reinar, olvidó y perdió el Espíritu de Cristo. Las reuniones se transformaron en ceremonias lujosas, formales, revestidas de todo el esplendor externo que antes distinguía a los templos paganos.

El término "sacerdote" no se aplicó a los ministros cristianos antes del año **200**, fue tomado del sistema judaico y del ejemplo del sacerdote pagano. El obispo romano Siricio fue el primero en usar el apelativo *Papa* como título y no como una referencia, en la forma en que lo hacían otros líderes de la Iglesia, a quienes la historia recuerda como *santos padres* y su época como la Patrística.

Siricio no dudó en utilizar un lenguaje de autoridad en sus decretos, incorporando expresiones como: "Mandamos", "Decretamos", "Por nuestra autoridad..." en el estilo retórico típico del emperador. Adoptó el título de Papa, que unos suponen es un acrónimo del latín *Petri Apostoli Potestatem Accipiens* cuya traducción sería "el que sucede al apóstol Pedro". Sin embargo, otros dicen que se trata de una voz del latín clásico que simplemente significa "padre" o "tutor".

La historia, llena de detalles, es una pesada losa sobre la verdad pura del evangelio, pues se estableció un velo de mentiras construidas sobre la tradición y la falta de información verídica y más aún sobre la falta de interés y capacidad de investigación, lo cual provoca que ese velo se haga cada vez más grueso, hasta convertirse en enormes muros que construyen edificios monumentales de errores doctrinales y mentiras que hoy se aprecian como verdaderos. Ha sucedido algo similar a lo que Josué, el sucesor de Moisés declaró, quizá proféticamente: que después de su muerte el pueblo se corrompería y se apartaría del camino que Dios había mandado. Simple en ejecución, triste en conclusión: nos hemos apartado de lo que el Señor instruyó.

Hay quienes afirman que hemos detenido la segunda venida de Jesús al no hacer la parte que nos corresponde: obedecer su mandato de hacer discípulos a todas las naciones, predicando el evangelio a toda criatura.

El modelo discipular y la responsabilidad del involucramiento de los creyentes en la sociedad son dos tareas que la Iglesia tiene pendiente de reflexionar, enfrentar y asumir en los albores del siglo XXI.

En el siguiente capítulo se intentará explicar las posibles razones psicológicas por las que actuamos en el modo en que lo hacemos y particularmente por qué hemos permitido que la Historia, la Política o la Economía nos presionen de tal manera, que hemos pervertido desde hace varios siglos el modelo que Jesús nos dio y aún no hemos corregido tantos errores.

☙

CAPITULO 3

EL SER HUMANO
Naturaleza vs Diseño original

¿Por qué somos lo que somos? ¿Por qué hacemos lo que hacemos? ¿Por qué, si amamos tanto a Jesús, pervertimos su modelo?

Nuestro punto de partida consiste en entender que como seres humanos tenemos una naturaleza caída, ya no somos lo que Dios creó y tenemos necesidades específicas conforme a esa naturaleza humana alejada de Dios. En la medida que somos lavados por la Palabra vamos superando esas necesidades y conformándonos a la imagen de Jesús.

Más allá de las necesidades fisiológicas, tenemos necesidades emocionales o psicológicas que conforman o deforman, desarrollan o merman, provocan o limitan lo que somos, lo que hacemos y las reacciones que tenemos. Entre esas necesidades, podemos enunciar algunas: necesidad de pertenencia, necesidad de reconocimiento, necesidad de aceptación, necesidad de expresión, necesidad de sobresalir, necesidad de mandar o dominar.

Resulta altamente notorio que la sabiduría humana y sus filosofías se encuentran muy lejos de la sabiduría de Dios, incluso en la definición de conceptos básicos como la verdad, la existencia, la razón, la moral, el conocimiento, la mente o la realidad podemos ver esta diferencia, pues están fundamentados en la ética, la lógica y el desarrollo del hombre por el hombre mismo. Diversas corrientes de pensamiento, como el socialismo (utópico y científico), el anarquismo, nuevas interpretaciones de la historia, la ciencia y los asuntos religiosos se basan en *elecciones personales*, intuición o en la realidad experimental de cada persona. Surgen tendencias como la nueva era, algunas filosofías orientales, el misticismo, la metafísica, entre otras tantas que permean en la sociedad y la influyen exhaustivamente. Debemos recordar el consejo de Pablo y cuidar de no caer cautivos en esas filosofías y vanas sutilezas basadas en ideas, pensamientos y tradiciones del mundo y que se fundamentan en sus propios principios y no en los principios y valores de Dios en la Biblia.

La historia nos da información suficiente para reconocer los hechos que detuvieron el modelo de Jesús para discipular naciones. No podemos soslayar que quienes llevaron a cabo tales hechos fueron personas como cualquiera de nosotros, con las mismas capacidades y habilidades, carencias y debilidades; el tiempo no ha hecho gran diferencia en la naturaleza humana.

La Psicología nos da información sobre esta naturaleza; el estudio de un concepto básico de esta ciencia nos permitirá comprender ciertas características del actuar humano.

Narcisismo

El narcisismo es una etapa natural en el desarrollo psicológico de todos los seres humanos. Este término acuñado por Freud en alusión a un personaje mitológico, se refiere al comportamiento, los sentimientos y las actitudes de los adultos que centran su vida en ellos mismos. En un bebé o en un niño pequeño es natural el egoísmo, es inevitable el disgusto que sienten los pequeños cuando lo que exigen de sus padres no se cumple, en tanto que no pueden explicarse este incumplimiento, pues sienten que merecen absolutamente todo. Ellos esperan de los adultos aceptación, reconocimiento y hasta admiración por lo que hacen, su mayor frustración es que quienes los rodean no les otorguen aquello que esperan. En su temprana edad y sus imposibilidades de entender lo que sucede en el entorno, su actitud es muy comprensible; las madres, en su instinto maternal, entienden las necesidades propias de sus hijos, aunque en ocasiones parezcan ilógicas e irreales.

Conforme vamos madurando, las conductas narcisistas pueden atenuarse, pero en el interior de las personas el narcisismo nunca desaparece. Existen dos posibilidades de desarrollo: una consiste en que una perturbación psicológica en esta fase dé por resultado en la vida adolescente y adulta lo que denominamos un trastorno narcisista, el cual se encuentra comprendido dentro de la clasificación de los trastornos de personalidad, de modo que se observa desde un déficit en el funcionamiento de la persona, hasta un comportamiento grave. La segunda y más común de las posibilidades es que el ser humano nunca abandone sus anhelos y deseos, lo cual produce una gama muy amplia de formas de conducirse en la vida, a partir de una motivación interna desconocida en unos casos, inconfesable en otros, pero a fin de cuentas narcisista.

Cada persona a lo largo de su vida desarrolla en mayor o menor proporción la habilidad para que las conductas, el proceder, los sentimientos y las ideas parezcan adecuadas, pertinentes y benéficas, algunas veces lo son, otras no.

Según el Manual Estadístico de Diagnóstico de Enfermedades Mentales, el trastorno narcisista de la personalidad es: un patrón general de grandiosidad (en la imaginación o en el comportamiento), una necesidad de admiración y una falta de empatía, que comienzan al principio de la edad adulta y que se dan en diversos contextos. El narcisista:

1. Tiene un grandioso sentido de autoimportancia; exagera los logros y capacidades, espera ser reconocido como superior, sin unos logros proporcionados.

2. Está preocupado por fantasías de éxito ilimitado, poder, brillantez, belleza o amor imaginarios.
3. Cree que es "especial" y único y que sólo puede ser comprendido por, o sólo puede relacionarse con otras personas (o instituciones) que son especiales o de alto estatus.
4. Exige una admiración excesiva.
5. Es muy pretencioso, teniendo, por ejemplo, expectativas irrazonables de recibir un trato o favor especial o de que se cumpla automáticamente lo que espera.
6. Es interpersonalmente explotador, sacando provecho de los demás para alcanzar sus propias metas.
7. Carece de empatía: es reacio a reconocer o identificarse con los sentimientos y necesidades de los demás.
8. Frecuentemente envidia a los demás o cree que los demás le envidian a él.
9. Presenta comportamientos de actitud arrogante o soberbia.

En el caso de las personas que funcionan con una motivación mayormente narcisista, desarrollan también la habilidad para mostrar que su desempeño en la vida responde a los más altos valores, más que a un interés egocéntrico. Son altamente capaces de manejar hacia ellos y hacia los demás una conducta aparente que está basada en el interés por los otros, de manera que quienes los rodean creen que esta persona hace todo por el bienestar de ellos sin percatarse que lo hace para exigir y recibir la admiración que necesita.

Es natural y hasta deseable que las personas esperen de los demás reconocimiento y aprobación, pero quien conserva íntimamente un anhelo narcisista, espera de los demás reconocimiento y admiración y todo lo que hace está encaminado a ello. Cuando los deseos narcisistas son grandes, sin llegar al grado del trastorno psicopatológico llamado "trastorno narcisista de la personalidad", los narcisistas son grandes maestros en ocultar sus motivos. Citamos, con fines ilustrativos, algunos ejemplos:

a. Cuando el narcisista es líder, busca el aplauso de sus seguidores; en cambio, cuando alguien tiene una verdadera vocación de servicio, gratitud e interés compasivo, busca el beneficio de los demás. El narcisista se frustra y acusa a los demás cuando su función no llega a buenos resultados, en cambio, quien sirve de manera genuina, en caso de fallar, se pregunta qué pasó en él y que pasó en el otro para explicar por qué no lograron ambos lo que pretendían. El servidor no espera obsequios, ni aplausos, aunque los demás se sientan obligados a hacer servicios por él; el narcisista tiene la expectativa que aquellos a quienes ayuda, le sirvan.

Algunas personas dedican su tiempo en mayor o menor medida, para llevar a cabo alguna actividad que represente bienestar, servicio o atención a los demás. En el mejor de los casos, lo hacen por gratitud, por poner al servicio de la gente los dones que les fueron otorgados. Sin embargo, el narcisista procede de la misma manera, pero no es la gratitud, ni el genuino deseo de hacer el bien por los demás lo que lo motiva, sino la desmedida exigencia de recibir admiración y de demostrar a los demás las grandes capacidades que erróneamente supone poseer. El desmedido deseo de que se les reconozca una sensibilidad extrema, una inteligencia mayor, o una indiscutible capacidad de conducir, orientar, enseñar y ayudar a los demás, obedece a que estas cualidades no son muy amplias en los narcisistas, pero en su gran deseo de poseerlas, hacen todo cuanto esté a su alcance y a veces lo que no está en sus manos para lograr aprobación y reconocimiento. El que por verdadera vocación de servicio, por amor a los demás, por gratitud dedica una parte de su vida a otros, consigue resultados inmediatos, progresivos y permanentes. El narcisista puede permanecer en ese rol de manera continua y obtener resultados inmediatos, la diferencia es que esos resultados no son permanentes; la ausencia de comprensión, de entendimiento, de capacidad, de empatía, de compasión, hacen que a la larga el narcisista se vuelva un dictador que marca la forma en que deben conducirse los demás y, aun en el caso de ofrecer razones suficientemente válidas, lo único que pretende es conservar un estatus de influencia, manejo y control sobre los otros para que le satisfagan su necesidad personal de admiración.

b. Existe una diferencia sustancial en el manejo de la autoestima entre quienes buscan satisfacer sus necesidades narcisistas y quienes sólo buscan bienestar, armonía y sanidad. La autoestima es un atributo primordial de cada ser humano, existen personas que la poseen y la expresan en la forma de conducirse hacia ellos mismos y hacia los otros. Está basada en sus ideales, cánones y reglas de vida, cualesquiera que éstas sean.

Una correcta autoestima incide en una satisfacción continua, una experiencia armónica de bienestar interno que produce serenidad, tranquilidad y la capacidad de poder autorregularse ante los dilemas inevitables que la vida siempre plantea. Sin embargo, quien intenta, aun sin ser consciente, mantener su autoestima a partir de la opinión, actitud o muestras de gratitud de los demás, necesita de modo narcisista sustentar la propia aceptación con base en lo que ocurre en su exterior. Cuando la autoestima depende de los otros, se exige a los demás que sean los encargados de elevarla cada vez que se tenga una amenaza.

El narcisista demanda, sin decirlo, que otros sostengan su autoestima para mostrar el estatus que tiene, ya para mostrar un supuesto poder, conocimiento y sabiduría. El narcisista mantiene su autoestima por un dictado externo; la persona que está satisfecha por sus habilidades, por su capacidad de amar, por sus posibilidades de cuidarse a sí mismo y a los otros, no necesita del exterior para mantener un autoconcepto bueno y una autoestima benéfica y estable, que difícilmente se derrumba. Sin embargo, en el caso de un narcisista, siempre existe el riesgo de derrumbarse, y el esfuerzo para que los otros cumplan la tarea de admiración es continuo, cotidiano y persistente.

c. Quien ejerce una autoridad que no se basa en el deseo de satisfacción narcisista, ejecuta esa autoridad de acuerdo con el cumplimiento de sus funciones, dando por hecho de manera automática e inmediata que su estatus es reconocido, sin tener que ocuparse de tareas que aseguren este reconocimiento; simplemente cumple su función y su misión con la certeza de que lo demás viene por añadidura.

El narcisista conoce la manera de hacer creer a los otros que posee habilidades, destrezas, capacidades y conocimientos que no tienen los que están junto a ellos; más aún, siente necesidad de decir y hace creer a los demás que tiene en su poder un conocimiento al que ellos no tienen acceso y sólo lo obtendrán gracias a su benevolencia generosa. Esa creencia que logra inculcar a los demás, y esa expectativa de que él concederá aquello que sólo él posee, no se cumple por dos razones: primero, porque verdaderamente no se posee ese conocimiento superior y, segundo, si en realidad lo tuviera (aunque no es posible), quienes estuvieran a su lado, por temor del narcisista, ya no sentirían la admiración que él espera, no lo seguirían, no lo apoyarían, no se encargarían de cumplir la tarea de mantener su autoestima.

Alguien que tiene interés por otra persona, lleva a cabo un detalle, da orientación o acompaña al otro nada más por el gusto de saber que aquello que hizo puede aportarle alegría. Por ello, tendrá la intención de repetirlo sin esperar que sea divulgado, conocido y premiado, sólo por el placer de estar bien consigo mismo.

Una persona que tiene en su fuero interno una insatisfacción narcisista, espera que todo lo que hace en la vida adulta sea difundido, que los otros pregonen lo que ha hecho, que le comuniquen a todas las personas que puedan escuchar las cosas bondadosas que acaba de hacer. Lo espera como una consecuencia natural a lo que hace, si no ocurre así, él mismo se da a la tarea de difundirlo. Puede hacerlo en una conversación directa o usando las redes sociales. Es como si dos personas dictaran una ponencia, en el primer caso el interés está centrado en lo que los oyentes pudieron aprender, aunque claro, que no está exento de la impresión que causó, la aceptación que tuvo, del agrado que pudo provocar en sus oyentes. En el segundo caso el interés está centrado en el elogio y admiración que pretendió provocar en el auditorio y da por hecho ineludible que el auditorio se benefició enormemente de sus palabras, y pone un énfasis especial en el impacto de su imagen.

d. El narcisista aparentemente se adapta a las complicaciones del entorno y las relaciones interpersonales, sin perseguir una solución, porque cree ilusoriamente que el resto le concede lo que ha pedido; aun en el caso de que el narcisista no obtenga lo que pretende, encuentra una razón para explicar que en verdad sí lo tiene, que los otros por rivalidad, envidia, insignificancia personal o por cualquier razón que se le ocurra, lo tienen en un lugar especial, pero se ocupan de no demostrárselo.

Una persona que posee en su funcionamiento las características narcisistas descritas, tiene el anhelo de ser el líder formal o informal de alguno de los grupos donde se desenvuelve. En ocasiones este deseo es inconfesable y en otras es francamente manifiesto. Cuando el narcisista logra obtener el estatus de líder, ya sea formal o informalmente, tiene la habilidad de hacer creer a sus adherentes que sus propósitos absolutos no son otros más que la consecución de los ideales y de las metas a los que el grupo aspira, pero en el fondo, el líder narcisista sólo desea que lo sigan a él, que crean en él, que lo reconozcan y le rindan tributo. Como se ha empeñado mucho en esto, consigue que los miembros del grupo perciban que su esfuerzo está encaminado al logro de las metas grupales, sin percatarse a veces por tiempos muy prolongados, que el líder narcisista sólo ha trabajado en aras de su satisfacción personal. El narcisista pide a su grupo continuamente que expresen entre ellos y hacia él, las habilidades, cualidades y virtudes que supuestamente posee. Esta expresión da por resultado, por un lado, el cumplimiento de los deseos narcisistas en el líder y, por otro, el grupo reafirma la confianza en él, aún en el caso que las metas no se vean próximas a ocurrir. El líder narcisista, usualmente encuentra la manera de convencer a los demás que las dificultades y la ausencia de logros, no radica en su persona, sino en un funcionamiento deficiente del grupo, convence a los otros de que están trabajando con un esfuerzo insuficiente, con una responsabilidad menor y hasta con un compromiso mínimo. Esto no está basado en una capacidad mayor, viene del intento constante y amplio del narcisista de ser admirado, esta intención se lleva a cabo todos los días, de manera que el líder narcisista encuentra la forma de convencer a los otros de que es él quien más conviene para dirigir ese grupo. Los narcisistas que no obtienen estatus de líder llevan a cabo igualmente estas conductas, aunque sea con una o dos personas.

e. El líder narcisista siente desprecio por alguno o varios de sus seguidores, aunque él mismo no pueda admitirlo, pero como producto de este desprecio desarrolla la astucia de señalar, de manera repetitiva, fallas reales o supuestas en los demás. Cuando esto ocurre, no imprime una amenaza explícita, ofrece en cambio una actitud de comprensión y una promesa de ayuda a los otros para la solución de sus fallas, pero deja, de manera implícita, una amenaza que se refiere a la pertenencia del otro al grupo.

f. Si el líder narcisista es confrontado por sus seguidores o le es señalado un mínimo incumplimiento, es frecuente que revierta la confrontación hacia los miembros y genere una división entre éstos, sabedor por conocimiento o por intuición del hecho de que cuando un líder es confrontado por razones reales o equívocas siempre habrá miembros del grupo que lo protejan. Se trata de una forma natural de funcionamiento de los grupos, pero el líder narcisista la utiliza a su favor aún a costa de dividir y disminuir al grupo.

g. Otra característica del líder narcisista tiene que ver con la creencia quivocada, las más de las veces, que posee muchas cosas que los otros envidian. Esto se hace con el fin de ocultar a uno mismo las envidias de las que se padece, haciendo notar a sus seguidores que se es una persona envidiable, haciéndolos creer que si están con él, también ellos tendrán la misma cualidad.

h. El líder narcisista es un dictador que proyecta una imagen de una persona altamente comprensiva y altamente empática, pero cuando las personas a su alrededor no siguen sus dictados, tal como él los determina, los ataca o hace que otros miembros del grupo los ataquen. No es inusual que algunos miembros no sigan sus directrices al pie de la letra, pero el narcisista, en su creencia de grandiosidad, no se percata de las fallas de su proceder, no se da cuenta que cuando exige a los otros que resuelvan sus dilemas de manera idéntica a como él lo hace, no necesariamente obtendrán los mismos resultados. Cuando varios miembros del grupo se percatan, el narcisista capta el peligro de pérdida y busca a alguien que tenga la capacidad real de rescatar a sus seguidores, siempre y cuando sea él quien pueda obtener el crédito.

i. Los líderes y las personalidades narcisistas en general son capaces de mostrar una humildad inexistente, una generosidad aparente y una habilidad aparente también de ayudar a los demás.

Para efecto del tema es útil enlistar las características del cuadro de trastorno de personalidad narcisista. La CIE-10 (Clasificación Internacional de Enfermedades) determina el trastorno de personalidad narcisista si se reúnen seis de las siguientes características:
1. Un sentimiento grandioso de gran importancia personal.
2. Fantasías de ser merecedores del amor ideal.
3. Lograr éxito ilimitado, acompañadas de una creencia de gran poder, inteligencia y brillantez.
4. Creencia de ser especiales, únicos y diferentes, acompañada por la sensación de que sólo pueden ser comprendidos por personas especiales de amplio status personal social e institucional, y sólo se deben relacionar con estos.
5. Una necesidad adictiva de admiración y un temor grande a la crítica de los demás acerca de sus propias ejecuciones, lo que denota una autoestima vulnerable y baja.
6. Una exigencia ilimitada acerca de sus propios derechos, una expectativa irrazonable de un trato especial, como si fueran merecedores de todo lo que desean, merced a la alta categoría que presentan.
7. Explotación, control y demanda exagerada hacia los demás, suponiendo que son ellos los que otorgan a los otros.
8. Una ausencia total de empatía, disfrazada por un falso reconocimiento a los deseos de los otros, suponiendo que los sentimientos de los demás concuerdan con los propios.
9. Presencia persistente de envidia hacia los demás, justificadas por la idea de que son ellos los envidiados y por un desprecio pertinaz hacia los otros.
10. Arrogancia constante, prepotencia, y una altivez mostrada en cada acto o comportamiento.

Quienes detuvieron el modelo de Jesús para evangelizar al mundo entero fueron seres humanos comunes y corrientes, como tú y como yo. Ellos como muchos de nosotros servían al Señor, seguramente de corazón, aunque en paralelo al ser completamente humanos no hacían a un lado la satisfacción de sus necesidades. Quizás, al principio imitando a Cristo, se negaban a sí mismos, tomaban su cruz y le seguían, buscando a Dios intensamente como consecuencia de la persecución que sufrían. Lastimosamente, al cesar ésta y al verse obligados a organizarse por el constante crecimiento que tenían, fueron enfriando su anhelo de obediencia y su pasión por la enseñanza. Su humanidad, seguramente, fue ganando terreno y entonces trataron de sobresalir, ser reconocidos, dominar, pertenecer, provocando diferencias entre ellos, iniciadas con una leve y momentánea molestia ocasionada por la división de los trabajos, la atribución de responsabilidades, la mezcla de funciones administrativas con actividades espirituales; con el tiempo y el crecimiento, haciendo de más valor y de mayor jerarquía las posiciones en la Iglesia, llegaron a sentimientos de odio y deseos de venganza en extremo: guerras y asesinatos por alcanzar el poder y las riquezas.

Ser, hacer y tener, han sido y seguirán siendo los intereses más comunes de la gran mayoría de los seres humanos. Habiendo repasado algunas características de la naturaleza humana, es claro que tanta maldad, tanta corrupción, tanto egoísmo han ocasionado que la humanidad sufra desde el principio de su existencia y que en el tiempo de Jesús se afectara y detuviera el propósito de evangelizar al mundo, que aún, siguen siendo los mismos conflictos que hoy enfrentamos.

Es común aceptar que podemos enfermarnos de gripe o del estomago o tener dolor de cabeza. Aun con dolor aceptamos que podemos enfermarnos de cosas más graves como diabetes, hipertensión, apendicitis, cáncer y muchas otras enfermedades más; pero qué difícil es creer o aceptar que podemos enfermar de la mente. Ante la duda respondemos con la clásica excusa: "no voy con el psicólogo porque no estoy loco". Sin embargo, grandes males de la humanidad serían erradicados o al menos disminuidos si pusiéramos un poco de atención a los padecimientos de todo tipo, incluyendo desde luego los de la mente y el corazón de los seres humanos. De nuestro corazón salen los malos pensamientos, la inmoralidad sexual, los robos, los homicidios, los adulterios, la avaricia, la maldad, el engaño, el libertinaje, la envidia, la calumnia, la arrogancia y la necedad; recordemos que si decimos que no hemos pecado lo hacemos a Él mentiroso y su Palabra no está en nosotros. Debemos reconocer algo que sucedía y hoy sigue sucediendo: que teniendo comezón de oír, se han amontonado maestros conforme a sus propias concupiscencias y han apartado de la verdad el oído, volviéndose a las fábulas, al engaño por medio de las filosofías y huecas sutilezas, según las tradiciones de los hombres, conforme a los conceptos del mundo y no a las enseñanzas y mandatos de Cristo Jesús.

Cuando Jesús dijo que los reyes de las naciones oprimen a sus súbditos y se enseñorean de ellos y aun los que ejercen autoridad sobre ellos se llaman a sí mismos benefactores, enseñó que no debe ser así entre nosotros, sino que el mayor debe ser el menor y el que dirige debe ser el que sirve, el ejemplo es Él, pues también dijo que entre nosotros, Él es el que sirve.

Pablo insistió en que nadie juzgue lo que comemos o bebemos, en días de fiesta, luna nueva o días de reposo. Que nada nos afecte o nos influya y, muy especialmente, toda aquella vanidad que hincha la mente carnal contraria a la mente de Cristo, por quien debemos vivir muriendo a los rudimentos del mundo y a mandamientos, preceptos y doctrinas de hombres que, aunque algún valor puedan tener en lo humano, no cambian ni el corazón, ni la conducta y todo ello con el tiempo se transforman o desaparecen. Sin duda, nada nuevo hay bajo el sol.

La única posible solución es un cambio desde dentro del ser humano, que sólo Dios puede lograr. Son sus principios y valores, el poder del Espíritu Santo y la autoridad en el nombre de Jesús, los únicos catalizadores que pueden detonar un cambio de dirección: el cambio en el ser interior que únicamente se obtiene con el nuevo nacimiento.

Necesitamos una nueva naturaleza, apartada del egoísmo, la soberbia y la envidia. Debemos pedir al Señor que nos dé una naturaleza capaz de obedecer lo que Él nos ha mandado y habilidad para enseñar a otros a hacer lo mismo. La manera más efectiva para no tener un mayor concepto de uno mismo que el que se debe tener, pensando de uno con cordura y conforme a la medida de fe que Dios nos ha repartido, es recordar que Dios ha escogido lo necio del mundo para avergonzar a los sabios, lo débil del mundo para avergonzar a lo fuerte y lo vil y menospreciado del mundo y lo que no es para anular lo que es, para que ninguno se jacte delante de Él. El Señor nos ha elegido no porque seamos lo mejor o lo más adecuado sino porque algo encontró en nuestro corazón, dispuesto a cambiar y depender de Él en todo. Es por Dios que estamos en Cristo y Él nos ha sido hecho sabiduría, justificación, santificación y redención, enfáticamente, que el Señor conoce nuestras carencias, incapacidades y limitaciones y que Él se encarga de suplir todas nuestras necesidades, tanto físicas como mentales, emocionales y espirituales pues toda buena dádiva, todo don perfecto provienen de lo alto, del Padre de las luces; así que sólo podemos poner nuestro corazón. Es lo único que tenemos, se lo ofrecemos al Señor pidiéndole que no permita que le falle, pervirtiendo otra vez, el modelo que Jesús diseñó para que sea predicado el evangelio del reino en todo el mundo, para testimonio a todas las naciones. Rogando a Él, para que ese corazón que envejece no se aleje de obedecer lo que nos ha mandado y pueda enseñar a otros sin robarle la gloria, gloriándonos en el Señor, hasta que Él venga.

Debo preguntarme entonces, debe seguir siendo… ¿mi ministerio? ¿mi llamado? ¿mi servicio? ¿mi posición? ¿mi imagen? ¿mis discípulos? ¿mi unción? ¿mi, yo y lo mío?

La grandeza en terrenos espirituales no se mide por lo que se aparenta, ni por el esplendor del atuendo, tampoco por el conocimiento o los estudios, mucho menos por la capacidad económica o el carisma personal, el nivel o la jerarquía alcanzada, sino por la santidad de vida, por la gracia y bendiciones recibidas. Y si alguno tiene ese tipo de grandeza verdadera, debe usarla para servir a otros y no para servirse de otros.

☙

CAPÍTULO 4

RECIBIRLO, OBEDECERLO, SERVIRLO O SEGUIRLO

Podemos permanecer en la etapa de la primera y más importante decisión espiritual que el ser humano pueda tomar, que es recibirle confesando con la boca a Jesús como el Señor y creyendo en el corazón que Dios le levantó de los muertos, pues recibimos con ello la salvación. Esta es la manifestación preciosa de su gracia, porque no lo merecemos ni podemos ganar el derecho de obtenerlo, sino se trata de un maravilloso regalo de Dios para todo el que cree. Sin embargo, eso no significa que estemos cumpliendo su propósito en nuestras vidas todavía. Para el Señor es, quizás, apenas el principio de ese hermoso camino que tiene preparado para cada uno, de esa carrera que tiene la maravillosa meta de llegar a ser uno con Él.

Es en esta primera etapa que vamos tomando, poco a poco, la sabia decisión de obedecerle mientras vamos estudiando y aprendiendo a oír su voz para más tarde, responder a su llamado y servirle. En el desarrollo de esta tercera etapa, al ir sirviendo tenemos la oportunidad de tomar la decisión más trascendente de nuestra vida cristiana: seguirle. Para esta última etapa su Palabra nos da algunas enseñanzas que nos revelan lo importante y profundo de este especial llamado:

a. Ir en pos de Él.

Hacer lo que Él hace. Ser parte de lo suyo es creer, declarar y participar en su obra. Ir hacia Él, todo el tiempo, es hacer lo que Él hace, participando en sus planes, proyectos, propósitos, siendo parte de su equipo con una conciencia permanente de vivir agradándole. Es una situación similar a la de cualquier papá o mamá, que disfruta enormemente que su hijo o hija participen en lo suyo, compartiendo su empresa, sus actividades de entretenimiento, sus metas y anhelos.

El Espíritu Santo ungió y envió al señor Jesucristo a los pobres para anunciarles el evangelio, lo suyo es proclamar libertad a los cautivos, recuperar la vista a los ciegos, traer libertad a los oprimidos. Si participamos en todo ello, abundando más y más, estaremos haciendo lo suyo y eso le agrada, eso es ir en pos de Él. ¿Qué quiere Él que hagamos para agradarle y recibir su favor, su apoyo, su respaldo, su bendición?

Lo que más agrada al Señor es nuestra adoración, Él busca que los verdaderos adoradores le adoren en espíritu con alabanzas, adoración y cántico nuevo. Adorarle en verdad es sujetarnos voluntariamente a Él en una actitud mansa y sumisa, para hacer lo que Él hace y ser como Él es.

Encuentro cinco razones para las cuales el Espíritu Santo ungió al Señor Jesucristo y por las que él anduvo haciendo bien y sanando a los oprimidos, que debemos imitar. Pidámosle a Dios que produzca en nosotros el querer con tanta compasión como Él, y el hacer con su misma profunda diligencia, respaldándonos en el poder del Espíritu Santo para lograrlo:

- ***Dar buenas nuevas a los pobres.*** ¿Quiénes necesitan del Señor alrededor nuestro? ¡Todos! Pero, ¿tendrá el Señor algún propósito en permitirnos conocer a todas las personas que conocemos? Si estamos en el lugar y en el tiempo precisos cada día, es para que en su nombre, demos buenas nuevas a los pobres de corazón.

- **Sanar a los quebrantados.** Es un hecho que todos tenemos necesidades afectivas, que todos hemos sufrido pérdidas por relaciones rotas o por violencia, agresiones o rechazo y el único que nos puede sanar es el Espíritu Santo. Jesucristo dijo, que cuando Él se fuera nos enviaría al Consolador para que estuviera con nosotros siempre y sanáramos en su presencia y con su Palabra, ayudando a sanar a los quebrantados de la misma manera en que Él lo hizo.
- **Pregonar libertad a los cautivos.** Vivimos cautivos de vicios, dioses, deudas, complejos y pecados recurrentes. La única posible, real y permanente solución es Dios, quien rompe cadenas y trae libertad, y debemos proclamar esto a los cuatro vientos. Vivamos interesados en las cosas del Señor y no en el Señor de las cosas.
- **Dar vista a los ciegos.** Dejamos de ver todo lo que el Señor nos da, todo lo que quiere darnos, todo lo que le necesitamos. Nos distraemos, nos enfriamos y aún nos deslizamos porque nos dejamos deslumbrar por el mundo. Regresemos a Él, enseñemos a obedecer, obedeciéndole. No seamos ciegos guiando a otros ciegos.
- **Poner en libertad a los oprimidos.** Hay tanta esclavitud en los que no conocen al Señor. Debemos compartir con el mundo que la verdad de Dios nos trae libertad. Ir en pos de Él, predicar el año agradable del Señor es proclamar sanidad, libertad, visión o entendimiento y liberación.

Cada año debemos agradarle más que nunca, pero, ¿qué le agrada? Así como a nosotros nos agrada que nuestros seres cercanos y amados nos acepten, nos quieran, nos ayuden, nos respalden y nos imiten, también a Dios le complace que actuemos con él.

Como Él todo lo puede, nada le impide hacer lo que le agrada: crea, ama, perdona, salva, establece su justicia, sana, bendice, prospera, llama, envía, y respalda, entre muchas cosas más.

Entonces ¿cómo lo ayudamos?, ¿cómo lo respaldamos?, ¿cómo lo imitamos?, ¿qué necesita? ¿qué quiere lograr? ¿qué quiere resolver?

Nos encontramos con una enorme meta y dos grandes vertientes: la meta debe ser que un día el Señor nos diga: "me complazco contigo, me agradas, me caes bien".

La meta es altísima, casi imposible: ¡ser como Él! Pero la misericordia de Dios es tan grande, que primero produce en nosotros ese maravilloso anhelo, nos da su Palabra para poderle conocer, siembra en cada uno la firmeza para obedecerlo y nos capacita, sobrenaturalmente, para ir lográndolo.

Y las dos grandes vertientes:

1. ¿Cómo puedo agradarle en el ser?

La mejor manera de agradarle es mediante nuestra obediencia. Imitando al Señor Jesús en la forma de ser, crecer, madurar y desarrollarnos, hasta llegar a entender y cumplir el propósito para el cual estamos aquí.

La Biblia nos enseña a no oír el consejo de los impíos sino deleitarnos en la ley del Señor, meditando de día y de noche en ella. Así, seremos como un árbol firmemente plantado junto a corrientes de agua que dará fruto y no tendrá hojas marchitas.

2. ¿Cómo puedo agradarle en el hacer?

Si Él ama, debemos decidir y aprender a amar como Él ama. Si Él perdona, debemos aprender a perdonar como Él perdona. Si Él salva, debemos ser sus instrumentos para que lo siga haciendo. Si Él sana, debemos aceptar ser un vehículo para que se cumpla la palabra que dice que pondremos las manos sobre los enfermos y sanarán.

La Biblia nos aconseja no detenernos en el camino de los pecadores, ni sentarnos en la silla de los escarnecedores, porque el hacerlo ocasionará que la prosperidad no venga a nuestro camino.

Su voluntad tiene que ver con nuestro ser y también con nuestro hacer: si queremos agradar al Señor debemos poner como lo más importante hacer la voluntad del Padre en nuestra persona y a través de nuestra persona.

El Señor recibe nuestra oración, así que seguiremos conformando un ejército de oración, orando porque sus propósitos se cumplan en nuestras vidas, y a través de nuestras vidas y, desde luego, por todas nuestras necesidades, pues lo más maravilloso es que el Señor está con nosotros en todo el proceso.

¡Vamos a ver más milagros que nunca cuando decidamos agradarle!

En el tema del ser, la mejor manera de agradarlo, es estando con Él más veces, más tiempo. Recíbelo en tu casa y agrádalo en todo. Si recibieras un huésped muy importante como una reina o tu artista preferido, ¿qué harías? Limpiarías tu casa, arreglarías cualquier desperfecto, prepararías la mejor comida, le darías la mejor habitación, las mejores sábanas, las mejores cobijas, bueno, hasta un edredón de pluma pedirías prestado, pondrías flores por todos lados, perfumarías hasta el baño, les arreglarías a los niños el pelo, la ropa y hasta los dientes, negociarías que se portaran de la mejor manera y pondrías música, seguramente usarías tu mejor ropa, te bañarías, peinarías y pondrías tu mejor sonrisa.

Debemos llegar a parecernos a Jesús en el ser, tema mucho más difícil de lograr que hablar. Lee cada día su Palabra, oye su voz y obedece lo que vayas entendiendo. Cada vez que superes alguna dificultad o reacciones correctamente ante cualquier situación, o que mejores en el trato con los demás, cada vez que hables del Señor sin expresar palabras, cada vez que los demás noten lo que Dios está haciendo en tu vida, piensa que estás agradándole y sonríe.

El obedecer debe ir aumentando poco a poco, pero con prisa. Tiene que ver con decidir entrar en una batalla constante, primero contra nuestra propia carnalidad, doblegando emociones y sentimientos, acciones y reacciones, pensamientos y decisiones. En segundo lugar, fortalecernos contra el mundo y su terrible, constante y creciente seducción. El mundo nos seduce y nos lleva a comprometer nuestros principios y valores bíblicos para ajustarnos a lo que muchos hacen, la mayoría piensa y muchos promueven. En tercer lugar, debemos fortalecernos en lo espiritual para estar firmes contra las asechanzas del diablo, que sólo busca robarnos las bendiciones, matar nuestros sueños y destruir nuestra relación con Dios.

He estado sonriéndole al Señor en estos días, creo que nunca antes lo había hecho. Haz lo mismo que harías para recibir a una reina o a tu artista preferido para recibir al Señor en tu casa y agradarle en todo.

En el tema del hacer, debemos participar y decidir servir al Señor; en nuestra organización tenemos las siguientes opciones:

- Participar en el grupo de oración
- Apoyo a los niños de la calle
- Brigadas de salud
- Visitas a orfanatorios
- Visitas a asilos o albergues
- Visitas a presos en la cárcel
- Visitas a hospitales
- Apoyo en fundación Camino a Casa
- Apoyo en fundación Reintegra
- Apoyo en fundación Sin Trata
- Abrir tu casa para tener un estudio bíblico cada semana
- Apoyar en los seminarios
- Capacitarte para apoyar en el área de sanidad interior, consejería y apoyo psicológico
- Apoyar en el centro de capacitación
- Servir en el área de niños
- Servir en el área de adolescentes, conocido como *Fortaleza*
- Servir en el área de jóvenes o con *Jóvenes Pro*
- Servir en el área de matrimonios, con el grupo de mujeres o con el grupo de varones
- Servir en la música
- Servir en la danza
- Servir en teatro
- Servir en el área de deportes

- Participar en corredores con valor
- Apoyar en los eventos de alcance, tales como desayunos y cenas
- Servir en la educación abierta (primaria, secundaria o preparatoria)
- Servir en el área administrativa o en el área de estrategia
- Servir en edecanes
- Servir en seguridad
- Servir en sonido y video
- Servir en la incubadora de negocios y en el área de emprendimiento
- Coordinar una sede

Todo lo anterior con un solo propósito, servir, servir y servir. Él vino a servir y a dar su vida por los demás y no sólo como una grata intención, sino de palabra y de hecho: predicar el evangelio de Jesucristo a toda criatura, haciéndolos sus discípulos, bautizándolos en el nombre del Padre, del Hijo y del Espíritu Santo, enseñándoles a guardar (obedecer) todo lo que nos ha mandado.

Mi oración es que al servir a otros podamos hacerlo mucho más grande y eficientemente, cada vez, que no perdamos de vista en ningún momento lo que el Señor dijo: que en tanto demos de comer al hambriento, de beber al sediento, recojamos al forastero, cubramos al desnudo, vayamos al enfermo o al que está en la cárcel, al Señor lo hacemos. En especial dijo que si damos un vaso de agua fría a un discípulo no perderemos la recompensa.

Hablemos de Él, de lo suyo, de su Palabra, a tiempo y fuera de tiempo, a todas las personas que podamos, a todas las personas que veamos en necesidad, a los pobres, a los quebrantados de corazón, a los cautivos, a los ciegos, a los oprimidos. Enseñémos, exhortemos, redarguyamos, reprendamos con paciencia y con doctrina.

Decidamos que a partir de hoy y durante todo el tiempo que nos quede de vida, nuestra comida es y será: hacer su voluntad y llevar a cabo su obra.

b. Servir como Él sirve, ser servidor de todos.

Él vino a servir y a dar su vida en rescate por muchos, sirvió a las mujeres, a los niños y pidió que éstos se acercaran a Él. Sirvió a los enfermos, aun a los leprosos. Sirvió al más pobre, al mendigo, al más rico y aun a cobradores de impuestos que traicionaban a su propio pueblo. Sirvió a los que se consideraban justos y también a los pecadores. En jornadas extenuantes sanó a todos los enfermos y liberó a todos los endemoniados que se acercaban a Él. Miles acudían a Él y no rechazaba a ninguno, hablaba y escuchaba a todo el que lo solicitara, aun a los que se le oponían y perseguían. Preparó alimento para sus discípulos y les lavó los pies.

Servir teniendo en mente el ejemplo del Señor Jesucristo, es un concepto tan sencillo que es sublime, tan humilde que es grandioso, tan amoroso que es divino.

Jesucristo nunca perdió esa mansedumbre que tanto inspira, esa sabiduría que tanto enseña, ese testimonio que tanto impulsa.

c. Sentir lo que Él siente, seguir sus pisadas.

Una manera de seguir sus pisadas puede ser que al ir caminando a su paso y a su trecho, vayamos considerando los sentimientos del Señor, considerando que en su calidad de siervo hecho semejante a los hombres, sufrió el agotamiento que acompaña a jornadas extenuantes, orando por las multitudes, uno por uno, mientras que todos eran sanados, echando fuera demonios y dando libertad, caminando constantemente de ciudad en ciudad, sufriendo burlas, escarnio, soportando la inquisición frecuente de los fariseos y saduceos, el dolor que le provocaba que algunos le dejaron y ya no estaban con Él, otros le rechazaron y uno de ellos le traicionó. Situaciones que hacían, seguramente, mucho más difícil su caminar. Provocándole sufrimiento máximo, al grado de sudar gotas de sangre por el estrés exagerado de ser aprehendido como un ladrón, abofeteado, escupido, lastimado con la corona de espinas, golpeado, para finalmente ser crucificado y peor todavía, sentir la separación de su Padre al convertirse en pecado por todo lo que la humanidad de todos los tiempos ha hecho.

Hemos sido llamados a seguir sus pisadas teniendo como ejemplo su padecimiento por nosotros.

Sufrimos la debilidad de nuestra carnalidad, las dificultades del entorno, las diferencias con nuestros semejantes, los problemas y conflictos internos y externos, las fallas y carencias, las incapacidades e imposibilidades como consecuencia de la caída de la humanidad; de estar hechos a imagen y semejanza de Dios pasamos a ser arrojados de su presencia en el Edén, por el pecado, habiendo cambiado nuestra naturaleza, para ser entonces y desde entonces, hechos a imagen y semejanza de Adán, heredando en su semen la muerte espiritual. Podemos entender que a partir de ese momento todo lo hemos corrompido, desviado y pervertido. Esta es la razón por la que sufrimos angustia, dolor, temor, rechazo, pérdidas y todo tipo de sentimientos negativos. Al comparar nuestro sentir con el del Señor, debemos reconocer que nunca hemos sufrido tanto como Él y que además mucho de nuestro sufrimiento, aunque no todo, es consecuencia de nuestro propio pecado. Sin embargo, encontramos esperanza al saber que todas las cosas cooperan para nuestro bien, porque amamos a Dios. Lo entendamos o no, aún, si se tardara la bendición en llegar, todo traerá beneficio, bendición o, al menos, aprendizaje porque hemos sido llamados para cumplir su propósito, hemos sido predestinados para ser hechos conforme a la imagen de Cristo y debemos animarnos y confiar que de verdad nos ha llamado y nos ha justificado. El Señor nos ha declarado justos y cuando vayamos a su presencia después de nuestro tiempo en la tierra, seremos glorificados para gozar de su compañía eternamente.

d. Negarme a mí mismo. Rechazar lo que Él rechaza.

Negarnos a nosotros mismos es decidir, a toda costa, no ser obstáculo a nuestro crecimiento, maduración y desarrollo espiritual con nuestra carnalidad, con la amistad con el mundo, o cediendo ante las tentaciones del enemigo de Dios.

Gastamos tanto dinero, tiempo y esfuerzo en nuestros placeres, nos hacemos fácilmente amigos del mundo justificando el hacer cosas que no son tan malas o que tienen algo de bueno. Sin embargo, la vida espiritual es tajante y radical: si las cosas no son enteramente buenas, entonces son malas; no hay términos medios, si algo no es tan malo, entonces es malo. Puede sonar brusco oír que si me hago amigo del mundo me constituyo enemigo de Dios, una constante motivación para esta enorme tarea la encontramos al recordar que el Señor nos anhela celosamente.

Tenemos una preciosa ventaja: en los momentos de crisis, en la angustia del fracaso, en el dolor de haber pecado, podemos echar toda nuestra ansiedad sobre Él y recordar que abogado tenemos para con el Padre, a Jesucristo el justo. No debemos cesar en el empeño, estemos sobrios velando, estemos en constante estado de alerta, pues el enemigo anda como león rugiente buscando a quien devorar, así que resistámosle firmes en la fe, sabiendo que muchos otros pasan por circunstancias similares en todo el mundo y el Señor, que está en todas partes, nos consuela, nos anima, nos impulsa a seguir en la carrera. Corramos como para obtener el premio. Los deportistas se abstienen de muchas cosas para obtener un premio corruptible, nosotros debemos correr sabiendo que la corona, que el premio que nos espera, es incorruptible y eterno y aunque represente mucho mayor esfuerzo, aún cuando negarnos a nosotros mismos conlleve sacrificios, sigamos adelante, el premio es el más espectacular que como seres humanos podamos recibir.

Vivamos la libertad que Cristo conquistó para nosotros, no volvamos, otra vez, al yugo de la esclavitud que todos en mayor o menor medida hemos vivido. Andemos en el Espíritu, no permitamos que el deseo de la carne nos controle y ya no hagamos lo que deseamos. Las obras de la carne son evidentes, en creyentes y no creyentes: inmoralidad, impureza, sensualidad, idolatría, hechicería, enemistades, pleitos, celos, enojos, rivalidades, disensiones, sectarismos, envidias, borracheras, orgías, y cosas semejantes. Situaciones y debilidades con las cuáles debemos luchar incansablemente, todo el tiempo, pues si practicamos tales cosas no heredaremos el reino de Dios.

Que gran misericordia de Dios que si confesamos nuestros pecados Él es fiel y justo para perdonarlos y limpiarnos de toda maldad. Renunciemos a las obras de la carne, cerremos puertas, ventanas y rendijas, aprovechemos la gracia y misericordia del Señor y crucifiquemos la carne con sus pasiones y delitos.

La voluntad perfecta de Dios es sin duda que disfrutemos una vida cristiana placentera, maravillosa y deseable, no se trata de una serie de prohibiciones y limitaciones, no es una vida religiosa de carencias y sufrimientos, sino todo lo contrario: la vida en Cristo es paz, verdad, salvación, libertad; aunque requiere de un cambio de ideología, de instintos y de intenciones. Una vida en la que muramos a lo malo para vivir lo bueno. El Espíritu Santo nos resguarda con amor, gozo, paz, paciencia, benignidad, bondad, fidelidad, mansedumbre y dominio propio, llenos de sus frutos podemos ser instrumentos suyos para que muchos más lo reciban.

e. Pensar lo que piensa, tener la mente de Cristo.

Debemos, según la instrucción de la Palabra, renovar nuestro entendimiento, nuestra razón y nuestra lógica, sanando y acoplando, a su pensamiento, todo lo que encontramos en nuestra mente, conformándola a la suya. Esto implica rediseño de la mente y el corazón, liberación de alma y espíritu, transformación de ideas y pensamientos. Llevar a cabo lo que está escrito es la única manera de saber cuál es la buena voluntad del Señor, agradable y perfecta. Sólo así serán iluminados los ojos de nuestra mente y sabremos a qué esperanza nos ha llamado y cuáles son las riquezas de su gloria, las que ha heredado a quienes le creemos. Así, la paz que sobrepasa toda capacidad mental, cuidará que nuestros corazones y nuestros pensamientos no se desvíen de su propósito para aquellos que hemos sido llamados a salvación, a redención, a purificación y a multiplicación. Por tanto esperemos la gracia que el Señor nos traerá cuando Jesucristo regrese a esta tierra.

f. Limpiar lo que Él limpia. Pedirle en oración que continúe lavándome más y más de mi maldad.

Fue una experiencia impactante en mi vida cuando comprendí el versículo: entonces enseñaré a los transgresores sus caminos y los pecadores se convertirán a Él..., esas palabras se convirtieron en mis pensamientos y oraciones constantes. El salmista le suplica a Dios que le sane, le lave, le purifique, le limpie de su pecado, que borre sus iniquidades. Le pide un corazón limpio, que no le quite al Espíritu Santo y que le devuelva el gozo de su salvación. Ahí, expresa que en esa sanidad y purificación, enseñará a los transgresores sus caminos y los pecadores se convertirán a Él.

David lo entendía, por eso le suplicaba, por piedad y misericordia, para que borrara sus rebeliones; su clamor debemos hacerlo nuestro en nuestras oraciones diarias y decir lávame más y más de mi maldad, y límpiame de mi pecado. David reconocía su rebeldía y confesaba ante el Señor que hacía lo malo delante de sus ojos santos porque sabía que Dios es justo y puro, que no puede mezclarse con nuestro pecado, Dios no acepta la mezcla entre lo bueno y lo malo. David en una admirable humildad, postrado delante de Dios, reconocía su pecado, lo malo que hacía, pues comparaba sus acciones con el deseo del Dios vivo, verdadero y justo, sabía que se alejaba de él, llegaba al extremo de aceptar que desde el vientre de su madre había sido concebido en pecado. Sabia David que Dios ama la verdad, en su misericordia le había hecho sentir y había producido ese anhelo en su corazón. Entonces se humillaba, de rodillas o postrado, suplicaba que le lavara más y más, poco a poco, para que como resultado final fuera emblanquecido por la obra del Espíritu Santo. Aquel rey se gozaba y su carne se reanimaba, Dios dejaba de ver sus pecados pues eran redimidos en el cordero sacrificial, que era un símbolo del Cordero de Dios que quita el pecado del mundo. Así, en un momento glorioso, David suplicaba con más fuerza, pidiendo un cambio radical en su corazón, de piedra a carne, de tinieblas a luz, de suciedad e iniquidad a pureza y perfección. He ahí el gran impacto que comprueba el modelo de Jesús para evangelizar el mundo haciendo discípulos a todas las naciones, con el Espíritu Santo por delante. El salmista dice "entonces enseñare a los transgresores tus caminos y los pecadores se convertirán a ti", ese "entonces", nos puede molestar e incomodar, pues nos trae una gran responsabilidad a cuestas… Nuestra obediencia a su Palabra -que cambia corazones, que logra un impacto testimonial que ninguna otra cosa puede lograr- puede ser útil en las manos de Dios para salvar. Él es el único que puede hacerlo, pero ha decidido hacerlo a través de creyentes como tú y como yo. David insistía en su clamor la necesidad de ser liberado y sanado para publicar su alabanza, asumiendo con absoluta claridad que no son sacrificios ni holocaustos, sino el espíritu quebrantado, el corazón contrito y humillado, los ingredientes necesarios para lograr el propósito de salvar, perdonado y rescatando, pagando el precio de nuestro pecado con el sacrificio de Jesucristo en la cruz.

g. Enfrentar lo que Él enfrenta, tomar mi cruz cada día.

Tomar nuestra cruz es aceptar las responsabilidades, pérdidas y costos por ser y parecer cristiano. En política hay un dicho: la esposa del político además de ser honesta, tiene que parecerlo. De la misma manera, además de ser cristianos debemos parecerlo las veinticuatro horas de cada día. Esa es la gran responsabilidad que todos tenemos. Al ser discípulos de Jesús, sufriremos el vituperio, la persecución, que digan toda clase de mal contra nosotros, mintiendo. En el tema de los costos, es sabido por todos que cuesta mucho predicar, hacer eventos, pagar los sueldos de quienes trabajamos en la institución, honorarios de todos los asesores, compra de equipos de audio y video, rentas de los salones los domingos, gastos en luz, teléfono, gasolina, transporte, papelería. Pareciera que perdemos el rumbo o el interés en la obra de Dios si dejamos de cumplir con nuestras obligaciones financieras o nos retrasamos en ellas. ¿Por qué será fácil olvidar que entre todos pagamos los costos?

No es una cuestión de gusto ni de capricho, es un asunto de fidelidad y de obediencia. La Palabra de Dios enseña con toda claridad cómo debe llevarse a cabo este asunto. Debería ser mucho más simple, es sólo dinero y por lo tanto es barato. Es un tema de conciencia ante Dios, por lo que hallamos gracia cuando sufrimos penalidades por hacer lo bueno, la obra de Dios y, desde luego, financiarla.

La pequeña tribulación que tenemos al enfrentar responsabilidades, pérdidas y costos de llevar nuestra cruz cada día, debemos soportarlas con paciencia, pues para eso fuimos llamados. El ejemplo lo tenemos en Cristo: padeció muchas cosas, fue rechazado por los ancianos, los sacerdotes y los escribas, fue asesinado, sufrió por nosotros sin haber cometido pecado, sin que se hubiera hallado engaño en su boca, cuando lo ultrajaban, no respondía con la misma moneda, cuando padecía no amenazaba, sólo se encomendaba a aquél que juzga con justicia. Llevó nuestros pecados en su cuerpo sobre la cruz para que muramos al pecado y vivamos en justicia, por sus heridas hemos sido sanados y a pesar de haber andado como ovejas descarriadas, nos ha dado por gracia la oportunidad de volvernos al pastor y guardián de nuestras almas.

No es fácil de entender, porque también tenemos que sufrir pero los años que pasamos en esta tierra, son apenas un instante en la eternidad. Debemos recordar que en nuestra debilidad el Señor se perfecciona, debe bastarnos su gracia. Si no hubiera algún tipo de sufrimiento como el rechazo, la burla, el escarnio y la persecución, seguramente nos exaltaríamos tanto que seríamos doble estorbo para las cosas de Dios. El mismo Pedro no entendía por qué el Señor había de sufrir y fue reprendido por Él cuando intento evitarle el ultraje: ¡Quítate de delante de mí Satanás! Porque no tienes en mente las cosas de Dios sino las de los hombres.

h. Conquistar lo que Él conquista. Arrebatar con violencia el Reino de los cielos.

Desde que Juan el Bautista empezó a predicar y hasta el día de hoy, para romper la indolencia, cada persona debe esforzadamente entrar en el reino de los cielos como si fuera ocupado por la fuerza, como cuando un país es invadido por ejércitos extranjeros. Debemos ser aquéllos que con total determinación y deseo apasionado, decidamos con firmeza inamovible vivir la vida cristiana, no de una manera religiosa ni ritualista, no de domingo únicamente, sino de cada día, con obediencia radical y con una lucha interminable contra la concupiscencia de nuestra carne, contra la seducción del mundo, contra la artimañas del diablo, arrebatando con violencia las promesas y bendiciones que Cristo adquirió para nosotros al llevar cautiva la cautividad. Es a los violentos a quienes nada los detiene en su empeño de conquistar el reino de los cielos por la fuerza.

I. Seguir sus pisadas. Ir a donde Él va.

Cuando Jesucristo decía "voy al Padre…", se encontraba, mientras tanto, salvando a la humanidad.

El Señor da una orden, no es una amable invitación: ¡Sígueme! La respuesta de la mayoría en principio es obvia: ¡Desde luego que sí! ¡Dalo por hecho! ¡Sin duda! ¡Por supuesto! Pero la realidad es que difícilmente estamos conscientes y dispuestos a entregarnos de tal manera que lleguemos al extremo de morir como nuestro Señor y mucho menos por otros. Si queremos salvar nuestra vida la perderemos y si perdemos nuestra vida por causa del Señor la salvaremos. Alguno argumentará: "Yo no tengo que morir, pues Cristo ya tomó mi lugar", y eso es cierto en relación con la paga del pecado, pero no respecto de la decisión de hacer su obra siguiéndole. La muerte que se requiere no es física, es moral, emocional y espiritual. Moral en cuanto a nuestra propia concepción del bien y del mal, emocional en cuanto a dejar de satisfacernos en todo lo posible; espiritual, para que poco a poco dejemos de ser nosotros mismos, estorbándole menos y Él con mayor libertad, cada vez, pueda hacer en nosotros y a través de nosotros lo que en nuestras fuerzas no podemos.

Podemos percibir en su Palabra que su llamado es simple, pero la exigencia es mayúscula, requiere que le amemos de tal manera, en grata y natural respuesta a su amor por nosotros, que estemos dispuestos a cambiar nuestros horarios, actividades, liturgia personal, actitudes, ideas, estilo y forma de vida, para adquirir un compromiso radical, total y permanente. La vida cristiana en el nivel del discipulado, requiere mujeres "muy mujeres" y hombres "muy hombres". No podemos compartir su gloria si no compartimos su muerte, así de simple o complicado.

Si el grano de trigo no cae en la tierra y por la humedad su cáscara se pudre (muere) y se abre, no puede dar fruto, pero si muere, entonces lleva mucho fruto.

No podemos perder de vista que quien gira la instrucción de seguirle es nada menos que el Rey de reyes y el Señor de señores.

El Señor Jesucristo nos llamó primeramente al arrepentimiento, porque el reino de los cielos se ha acercado, fuimos confrontados con nuestro pecado, como la mujer del pozo de agua con su adulterio, Nicodemo con su orgullo intelectual, los que acusaban a la mujer adúltera, con su juicio y violencia y los fariseos y saduceos con su legalismo e hipocresía.

Otra manera de expresar sus órdenes, de modo un poco más actual, sería la siguiente: entrégame tu agenda electrónica, dame el control de la tele y de tus redes sociales, no uses el celular mientras estés conmigo, dime la contraseña de tu banca electrónica, cambia tus metas por las mías, deja de pecar y sígueme.

Si le servimos, entonces le seguimos.
Si ponemos la mano en el arado, entonces le seguimos.
Si dejamos que los muertos entierren a sus muertos, entonces le seguimos.
Si sólo hacemos lo que debemos hacer, entonces le seguimos.
Si le obedecemos sin chistar, entonces le seguimos.
Si Él es el Señor de nuestra vida, entonces le seguimos.

Cuando morimos a nosotros mismos, entonces le seguimos.
Cuando somos sus esclavos por amor, entonces le seguimos.
Cuando no importan las largas jornadas, las estresantes dificultades, ni los lugares peligrosos, entonces le seguimos.
Cuando le entregamos nuestros derechos, nuestra independencia y ya no nos preocupan las opiniones de los demás, entonces le seguimos.
Cuando renunciamos a perseguir las riquezas, la seguridad o la posición social, entonces le seguimos.
Cuando hemos crucificado la carne con sus pasiones y delitos, entonces le seguimos.
Cuando no tenemos ansiedad por el mañana y basta a cada día su propio afán, entonces le seguimos.
Cuando hacemos todo como para el Señor y no para los hombres, entonces le seguimos.
Cuando lo que hacemos le da gloria a Dios, entonces le seguimos.
Cuando le entregamos todo lo que somos, todo lo que podemos y todo lo que tenemos, entonces le seguimos.
Cuando le somos para alabanza de su gloria, entonces le seguimos.
Cuando rendimos a Dios nuestras ideas y pensamientos, lo que decimos, así como las decisiones que tomamos, entonces le seguimos.
Cuando estamos capacitados por el Espíritu Santo para multiplicar lo suyo a través de nosotros mismos, entonces le seguimos.
Cuando estamos crucificados con Cristo y ya no vivimos nosotros mismos, mas Cristo vive en nosotros, entonces le seguimos.

Vamos al Padre, a su gloria eterna, a su morada celestial. Si le seguimos, en ese lugar, veremos a Jesús cara a cara y disfrutaremos su presencia eternamente, recargaremos nuestra cabeza en su pecho, tocaremos la punta de su manto, recibiremos el pan y el vino directamente de su mano, caminaremos a su lado, escucharemos su voz audiblemente y comeremos las migajas que caen de su mesa, que seguramente saben como el manjar más exquisito.

Nos llama a seguirle hacia donde nos espera un cielo nuevo y una tierra nueva, una ciudad santa, arreglada para Cristo, donde no habrá muerte, ni lagrima, ni clamor, ni dolor, beberemos gratuitamente de la fuente del agua de la vida, el muro es de jaspe, la ciudad está adornada con piedras preciosas, las puertas son de perla y las calles de oro puro transparente, Dios es el templo, la ciudad no requiere sol ni luna, porque la gloria de Dios la ilumina y el Cordero es su lumbrera, sus puertas nunca se cerrarán pues no habrá noche, ni ninguna cosa inmunda, ni abominación ni mentira dentro de ella.

¡Tenemos decisiones difíciles de tomar! Ir en pos del maestro, hacer lo que hace, sentir lo que siente, rechazar lo que rechaza, pensar lo que piensa, limpiar lo que limpia, enfrentar lo que enfrenta, ir a donde va y cumplir su propósito, siéndole útiles para extender su reino, cumpliendo su deseo de que todos procedan al arrepentimiento y que ninguno perezca. Éstas son desde luego, las mejores actividades y la forma de vida que podemos alcanzar; sin embargo, es tan difícil que acaba por resultar imposible para los seres humanos. Sólo veremos la luz en el camino recordando que Jesús dijo que las cosas que son imposibles para nosotros, son posibles para Dios, pues tenemos el poder del Espíritu Santo y la autoridad en el nombre de Jesús para predicar el evangelio enseñando a obedecer todas sus instrucciones.

Sin que caigamos en profundidades doctrinales, pensando que podemos ser salvos sólo con la confesión de nuestra boca sin obedecerle, como el ladrón crucificado junto a Cristo; recordemos el pasaje de la Biblia que reza: ...no todo el que me dice Señor, Señor entrará en el reino de los cielos, sino aquél que hace la voluntad de mi Padre que está en los cielos. No se trata de proponer si podemos ser sólo creyentes, sin ser sus discípulos. Tampoco afirmamos que pudiera haber niveles en el cielo. La diferencia entre creyentes y discípulos, es quizá, que aquél que responda al llamado a ser su discípulo, disfrutará con todos los demás la misma gloria por la misericordia de Dios, con una diferencia: la enorme satisfacción de haber entregado su vida a cumplir la gran comisión y haber llevado a miles no sólo a los pies de Cristo, sino habiéndoles enseñado a obedecer todo lo que Jesucristo nos ha mandado. Con esa multiplicación iniciará el establecimiento del reino del Señor Jesucristo aquí en la tierra.

CAPÍTULO 5

Todas las cosas que les he mandado
¿CUÁLES ENSEÑANZAS DE JESÚS SON MANDATOS?

Todas las enseñanzas teológicas y doctrinales de Jesús, son indispensables para conocerle, entender su propósito y, desde luego, para seguir sus pisadas, por lo tanto, deben estudiarse a fondo. En este capítulo resaltaremos los mandatos a sus discípulos, pues constituyen las instrucciones que, Él, nos dejó para cumplir la Gran Comisión.

Nos debe resultar una profunda y constante confrontación el leer las órdenes de Jesús, ya que sabemos que no podemos sólo leerlas y seguir igual. Al reconocer que son órdenes, debemos decidir llevarlas a cabo a pie juntillas, aceptando su señorío y la imposibilidad de lograrlo sin la ayuda permanente del Espíritu Santo, de su poder y autoridad que produce en nosotros el querer como el hacer por su buena voluntad.

Debemos pagar el enorme y cotidiano precio de someter nuestra carnalidad, no conformándonos al mundo y sus valores, estar firmes contra las acechanzas del diablo, vivir orando sin cesar, o bien, tenemos la horrible alternativa de continuar con un cristianismo "light", que se acople a nuestro ritmo, nuestro nivel de entrega o nuestros gustos y nuestras ideas o nuestra propia doctrina.

Si obedecer nos representa pérdidas o ganancias, el factor de conveniencia está mermando y contaminando nuestro proceder. Debemos obedecer al Señor porque es el Señor, porque eso es lo que hemos confesado con nuestra boca, a Jesús como el Señor y, la verdad, no tenemos para dónde hacernos, acomodarnos o justificarnos.

¿Es o no es? Simple y llano. ¿Derrota o victoria? ¿Costo o beneficio?

Y si obedecer es algo espiritual, entonces ¡se trata de obediencia a un mandato del Señor! Su señorío se fundamenta en que hemos sido comprados por precio, que ya no nos pertenecemos, su sacrificio es real y su amor nunca deja de ser.

¿Será entonces que El Espíritu Santo nos respalda? ¿Nos consuela? ¿Nos utiliza? ¿Nos impulsa?

¿Será en verdad que meditar de día y de noche en el libro de la Ley sin que se aparte de nuestra boca, para obedecer y hacer todo lo que está escrito nos permitirá prosperar en lo que emprendamos y todo nos saldrá bien?

Esto representa un nuevo estilo y forma de vida que inicia ¡hoy y aquí! Y no es que no hayamos ya obedecido muchas cosas, dejado otras y cambiado muchas más, sólo que yendo a lo simple, que es lo que más afecta lo cotidiano, nos encontramos con tantas cosas que no hacemos, algunas que a veces descartamos y unas más, que ni consideramos, o cuestiones que nos derrotan constantemente en nuestros intentos de no ver, no saborear, no tocar, no oír, no oler todo aquello que o nos aparta de Dios o no cumple radicalmente el nivel de santidad que necesitamos para cumplir su propósito en nuestras vidas.

El tema central o de mayor importancia en todo esto es: saber que sin santidad nadie verá al Señor. Cristo ya pagó por nosotros y, por ello, cuando Dios Padre nos mira, ve a Jesucristo en nosotros, pues Él ha cumplido toda justicia. Para que las señales nos sigan al compartir la Palabra de Dios, de modo que logremos de manera frecuente y constante, en su nombre, echar fuera demonios, hablar nuevas lenguas, tomar serpientes en las manos y que aunque bebamos algo mortífero no nos haga daño, poner nuestras manos sobre los enfermos y que sanen. Necesitamos ser, un poco más cada día como Jesús, lo que implica en forma imperativa no buscar "grandes revelaciones", "grandes unciones" o las "portentosas manifestaciones", sino simplemente pedir la gracia y misericordia que nos permitan poco a poco, paso a paso, trecho a trecho, hacer lo que Él hace, decir lo que Él dice, amar como Él ama, pensar como Él piensa, perdonar como Él perdona, obedecer como Él obedece, velar, ayunar y orar como Él lo hace. En pocas palabras, por el poder y guía del Espíritu Santo, es que morimos un poco más cada día, como Él murió, para que limpiándonos de toda contaminación de carne y de espíritu, resucitemos con Él en el día postrero, siendo transformados en un abrir y cerrar de ojos, cuando la trompeta suene, a una vida perfecta en donde todo cuanto padecemos, llenos de corrupción en nosotros mismos, se vista de incorrupción y lo mortal se vista de inmortalidad, cuando finalmente en su presencia eterna, hallemos descanso para nuestra alma de toda la aflicción en nuestra carne.

Mientras tanto, pensemos que nos entregará la tierra prometida, poco a poco; esa tierra se encuentra desolada por no haber sido llena, aún, de creyentes llenos del Espíritu Santo y fuego. Quienes pasamos por un proceso, porque la obra de santificación se realiza gradualmente para que no vengan las fieras del campo a destruirnos, debemos ¡confiar que la victoria será total!

Las fieras del campo son todas las manifestaciones del pecado: pereza, negligencia, corrupción, egoísmo, envidia, celos y rencor, los cuales son quitados del corazón del creyente poco a poco. También son aquellas personas que se puedan considerar enemigos del alma, que destruyen la obra de Dios o lo intentan, o nos empujan a pecar contra Dios, como los oportunistas y ventajosos, los hipócritas y lisonjeros, los que desestabilizan creando contienda y división, o los que tienen motivaciones ocultas por codicia, que son quitados para que no se multipliquen contra nosotros.

La obediencia a la enseñanza de la Palabra nos acerca al reino de Dios, con la prosperidad que apareja, en tanto que la obediencia a los mandatos de Jesús establece el Reino de Dios aquí en la tierra.

Si reflexionamos en la Palabra, día y noche, y la obedecemos, haremos prosperar nuestro camino y todo nos saldrá bien. Las enseñanzas son para nuestro beneficio, la mayoría de sus mandatos son para beneficiar a los demás. Así que debemos llevar a cabo tanto la aplicación de los principios y valores extraídos de sus enseñanzas, como la obediencia a sus mandatos para vivir la plenitud de la vida cristiana. Así empezamos a entender el " ya no vivo yo, mas Cristo vive en mi" de Pablo.

Al establecerse el reino de Dios no habrá mezcla, la santidad de Dios no puede combinarse ni siquiera con nuestro nivel de santidad, el cual nunca alcanza la perfección de Dios; o es lo suyo, sólo lo suyo, o no es. Así que debemos morir para que Él viva.

El fruto del Espíritu Santo es una característica de los discípulos de Jesús, y es quizá la mejor manera de darnos cuenta del nivel de santidad que por la obra del Espíritu Santo vamos alcanzando. Es como un "muertómetro" o la medición de qué tanto y hasta dónde vamos muriendo a nosotros mismos para que el Señor pueda utilizar cada vez más nuestras vidas para transformar. Conforme le vamos creyendo más, las señales van acompañando tan noble y honrosa tarea de establecer su reino aquí en la Tierra.

Una clara muestra de que sí es posible vivir así la tenemos en los discípulos de Jesús: a través de ellos el Espíritu Santo hacía muchas señales y prodigios, vivían juntos en una notoria unidad, el propósito de todos era agradar al Señor y cumplir su propósito. Muchos los admiraban por su entrega y por su manera de vivir, era tan claro el enorme sacrificio que representaba el morir a ellos mismos, que no todos se atrevían a dar el paso. El número de los que creían aumentaba más y más; sacaban a los enfermos a las calles para que al pasar Pedro, al menos su sombra cayese sobre algunos. Aun de otras ciudades llevaban a Jerusalén a enfermos y atormentados de espíritus inmundos y todos eran sanados. La obediencia a los mandatos era cotidiana, constante y permanente, por eso más y más multitudes se añadían a ellos, quienes no cesaban por -el templo y por las casas- de predicar a Jesucristo resucitado.

Establecer el reino no es satisfacernos en nuestras necesidades; confundimos nuestros deseos con lo que verdaderamente necesitamos. Establecer su reino es exaltar, glorificar, adorar y alabar a Jesucristo, no a nuestras personas, denominaciones, religiones, doctrinas, ideas o pensamientos. No sea que nos hallemos luchando contra Dios.

A continuación se mencionan algunos de los mandatos de Jesús, basándonos sólo en los imperativos que encontramos en los cuatro evangelios dirigidos a sus discípulos. No se enlistan en orden de importancia, ni orden de dificultad, sino conforme se encuentran en su Palabra. El Señor nos ordenó:

1. **Arrepentirnos porque el reino de los cielos se ha acercado.** Arrepentirnos no es sólo un sentimiento, debe ser la firme decisión de cambiar nuestra manera de vivir, obedeciendo su Palabra y pidiendo al señor que él haga lo que nosotros no podemos.
2. **Creer las buenas nuevas de salvación.** Creer es una acción múltiple, no es sólo un asentimiento mental, es decisión, firmeza, búsqueda y obediencia.
3. **Seguirle y nos hará pescadores de hombres.** La más noble y hermosa de las actividades: ser útil al Señor para cumplir su cometido, bogar mar adentro y echar las redes para pescar.
4. **Que su luz brille delante de los hombres para que vean que podemos hacer cosas buenas y reconozcan a Dios.** En una ocasión cometí una infracción y un policía de tránsito me detuvo. Una vez que amablemente me saludó, me dijo que el

clima era muy grato en ese momento, que él se encontraba bien y sirviendo a la nación, me comentó lo cara que resultaría pagar la multa por la infracción cometida. Yo respetuosamente le interrumpí en su ya conocida letanía diciendo: "Oficial, discúlpeme, yo soy cristiano". Él entonces, ni tardo ni perezoso me dijo: "Váyase, váyase, ya sé como son ustedes ¡nunca dan!". Yo alegremente emprendí mi camino con un muy agradable sabor de boca, pensando en el cristiano anterior que había dejado un excelente testimonio. ¡Qué hermoso será el día en que la luz del Señor brille en la oscuridad a través de cada creyente!

5. **Si nos acordamos que algún creyente tiene algo contra nosotros, vayamos y reconciliémonos con él o ella.** Esto nos pega en el orgullo, porque siempre pensamos que no tenemos la culpa, tenemos perfectas razones para hacer lo que hacemos, nuestra intención no fue hacer daño, no deberían enojarse así o que pedir perdón nos humilla tanto que muestra debilidad. Si obedecemos este mandato, veremos que se nos cae la coraza que llevamos enfrente para no ser lastimados, abusados o agredidos y él hace la obra entre nosotros.

6. **Camino al juzgado, reconciliarnos con el adversario.** No sea que perdamos el juicio y nos metan a la cárcel.

7. **Si nuestro ojo derecho o nuestra mano derecha nos son ocasión de pecar, los arranquemos y los echemos de nosotros.** Porque mejor es perder incluso un miembro tan vital, que ser arrojados al infierno. Son muchas y muy fuertes las tentaciones que surgen de nuestra propia inclinación al pecado, no siempre el diablo tiene la culpa de las pruebas y las tentaciones. Esta enseñanza no se refiere al hecho extremo de amputarnos un miembro del cuerpo, sino a que si existe alguna persona o cosa que nos induce al pecado, sin miramiento alguno debemos deshacernos de ella aunque sea tan valiosa para nosotros como un ojo o una mano.

8. **No jurar bajo ninguna circunstancia ni por ninguna cosa.**

Antes que eso, ser firmes en nuestra respuesta, o es sí o es no. Cualquier cosa adicional proviene del mal.

9. **Poner la otra mejilla, dar no sólo la túnica sino también la capa y llevar la carga el doble de la distancia requerida.**
Más allá de la enseñanza de ojo por ojo y diente por diente, mano por mano y pie por pie, que sin duda denota absoluta justicia, la orden de Jesús se basa en un amor incondicional, lejano a la capacidad humana de amar y por lo mismo requiere del amor de Dios para obedecer.

El costo por obedecer parece caro, cuando se trata solo de dinero es muy barato, si hemos de perder y si sólo ese es el costo, no es tan caro, el dinero va y viene; pero cuando tenemos que perder algo más profundo e importante como nuestra autoestima, imagen, prestigio, comodidad, tiempo, tranquilidad, seguridad, ¡qué gran costo nos representa! Nos molesta, nos inoportuna, nos contraría, mucho más que perder unos cuantos pesos y tratamos de protegernos.

Un ejemplo de esa autodefensa me sucedió recientemente: tuve la necesidad de llamar a un taxi de sitio, en cuanto subí al auto, muy amablemente saludé al chofer y le agradecí educadamente que pasara por mí. Le indiqué hacia dónde nos dirigíamos y empecé a pensar cómo compartirle la Palabra; en su auto colgaba del espejo retrovisor una pequeña cruz de madera, así que reflexioné: "qué hacer para iniciar por ahí, quizá diciendo algo parecido a... Veo que usted es una persona de fe por esa cruz de madera". En esa reflexión me encontraba cuando me di cuenta que el medidor o taxímetro, estaba desconectado. Entonces, en un tono amable dije al chofer: "Veo que el equipo está desconectado" Su respuesta, un tanto brusca, fue: "¡Pues ustedes ya saben que así es la cosa! ¿Que usted no es de esa casa? Ahí nos solicitan mucho el servicio y ya saben cómo es esto". Yo contesté sin alterarme, al menos eso creo: "Pues si soy de esa casa, pero no me acuerdo de eso". Él refutó: "Pues ustedes ya saben que damos el servicio sin el medidor", a lo que contesté:

89

"Pues no, yo no lo sabía". "¡Ustedes saben!" insistió el hombre y ahí vino mi estocada final, yo tenía que salirme con la mía, demostrar que él estaba equivocado, que es un error tratar así a cualquier cliente y más aún a un cliente frecuente: "Pues para que vea que no todos en esa casa sabemos lo que usted cree que tenemos que saber: ¡yo no lo sabía!"

A partir de ese momento, mientras internamente disfrutaba la dulce satisfacción de haberle demostrado, según yo, su error, hubo silencio sepulcral. El chofer simplemente se concretó a tomar venganza, acelerando lo más que podía, y pues sí, alterando un poco mi tranquilidad. Para entonces mi ego gritaba con desesperación: "¡Dile que vaya más despacio! ¿Qué se cree? Te está exponiendo a un accidente" No dije nada. Mientras tanto, creo que el Espíritu Santo veía como no solamente no había obtenido ningún éxito con mi actitud, sino que tristemente desaproveché la oportunidad de hablarle del amor de Dios. Obviamente por más que pensaba cómo darle la vuelta al incidente, no encontré opción alguna y sufrí la derrota por mi ego, mi soberbia, mi enojo (no fue ni mucho, ni tanto, pero fue). ¿Habré ganado esa pequeña batalla realmente o los dos perdimos? No tengo ninguna satisfacción de lo sucedido, mi ego me dice, que yo tenía la razón, mi preocupación era que abusara en el cobro y parecía que eso podía justificarme. ¡Tremenda derrota la mía! No obedecí el mandato, no mostré el amor del Señor... ¿qué hubiera hecho Él? Quizá hoy tendría la oportunidad de estar enseñando a ese hombre a obedecer lo que el Señor nos ha mandado.

El Señor claramente ordenó: si alguien se lleva algo que es tuyo no se lo reclames y entonces dictó la regla de oro: trata a los demás como quieres que te traten a ti.

10. Si alguien nos pide, démosle. Recuerdo a un querido amigo que en los semáforos subía la ventanilla y se volteaba hacia el otro lado, para que no diera oportunidad a que quienes piden dinero a los automovilistas, le pidieran y así no tener que darles por no desobedecer el mandato.

11. **Si alguno nos pide prestado no le demos la espalda a su necesidad.** En la medida de nuestras posibilidades, demos, ayudemos, prestemos, participemos.

12. **Amemos a nuestros enemigos.** No se trata de sentimientos, sino de acciones, de decidir hacer el bien a pesar de nuestros sentimientos. Existe el testimonio de un hombre que servía a Dios: acompañado por algún amigo, fueron a una cafetería a comer algo, la mesera que los atendió, lo hizo de muy mala gana, cortante, en mal tono, enojada les aventó los platos de la comida, ellos no dijeron nada ni reclamaron. Al terminar de comer pidieron la cuenta, también fue aventada sobre la mesa, este hombre la pagó y dejó un propina mucho mayor al **10** o **15** por ciento y desde luego mucho mayor a la que el trato que habían recibido merecía. Salieron del lugar y la mesera los alcanzo en el estacionamiento y de muy mal modo les dijo que habían cometido un error al dejar esa propina. Ella les entregaba el billete y él contestó algo como: "No me equivoqué, ese billete es para usted", ella espetó: "Pero ¿por qué?". A lo que el hombre replicó: "Noté que debe usted estar pasando por un muy mal momento en su vida por la manera en que nos atendió, y pensé que esa propina podría ayudarle a sentirse mejor". Ella con lágrimas en los ojos le contó la situación que vivía y este hombre pudo hablarle de Cristo y orar por ella.

13. **Hagamos bien a quienes nos odian.** Ese testimonio puede cambiar vidas. Algo así tiene el poder de debilitar el corazón más endurecido.

14. **Oremos por los que nos tratan mal.** Acción precisa y preciosa. No se trata de pedirle a Dios que estrelle a sus hijos contra la roca, sino que les bendiga y prospere. No es pedirle a Dios que los cambie para que nos traten bien, sino que conozcan de su amor, nos traten como nos traten.

15. **Prestar a nuestros enemigos.** Recordemos que él es bondadoso con los ingratos y malvados y que debemos ser compasivos como nuestro Padre es compasivo. ¿Qué mérito es amar a quien te ama? Implica prestar a pesar de la alta probabilidad que no nos paguen.
16. **Cumplir un mandamiento nuevo: amarnos los unos a los otros.** Debemos hacerlo sin juicio, sin esperar nada a cambio sin restricciones, sin acepción de personas, tal y como Él nos ha amado y así muchos alrededor sabrán que somos sus discípulos.
17. **Ser perfectos como nuestro Padre Celestial es perfecto.** Mandamiento que lleva implícito que Dios haga en nosotros lo que nosotros no podemos, que nos cambie el corazón de tal manera que le estorbemos menos cada vez.
18. **Cuidar de no alardear nuestra justicia.** No tenemos mérito alguno en las cosas espirituales, es Dios quien las produce en nosotros.
19. **Dar con discreción, sin presunción.** Dar es una responsabilidad no una concesión generosa.
20. **Orar a solas.** No orar para que otros vean lo piadosos que somos.
21. **Orar sin repeticiones.** Mucho más recomendable es hablar con Dios que repetir oraciones que no tienen sentido. Es más cálido, más expresivo, de mayor intimidad y entendimiento.
22. **Orar reconociéndole plenamente.** Padre nuestro que estás en los cielos, tú eres santo, anhelo tu Reino, que tu voluntad sea hecha en todo lugar, todo el tiempo. Dame lo que tú sabes que necesito y me hace bien, perdóname todo lo malo que tengo y que hago y ayúdame a perdonar a los demás de la misma manera. No permitas que la tentación me someta, líbrame de todo lo malo, todo es tuyo y tú todo lo puedes.
23. **Ayunar procurando que no se nos note.** No pongamos cara de tristes o de afligidos o compungidos cuando ayunemos.
24. **No acumular tesoros terrenales** poniendo nuestro corazón en ello, sino buscar cumplir su propósito en nuestra vida, agradándolo en todo.

25. **No juzgar a nadie.** Que saquemos la viga de nuestro ojo y entonces podrémos ver para sacar la paja del ojo de los demás. Es decir, no considerarnos ni mejores ni más espirituales que otros. No condenar a nadie, y perdonar a todos.
26. **No dar lo santo a los enemigos del evangelio.** No dar lo santo se refiere a no dar instrucciones o consejos y mucho menos represiones, ni tampoco ánimo o consuelo a los enemigos del evangelio. Éstos enemigos no son los incrédulos, ni quienes rechazan o rehúyen oír, sino aquellos que se levantan en contra, tratando de impedir la predicación del evangelio. Y estos enemigos no son nuestros enemigos, sino del evangelio y del Dios del evangelio.
27. **Pedir, dar y buscar.** Lo que requiere perseverancia y constancia en la oración y una gran confianza en que Dios es mejor de lo que somos nosotros aún con las personas que más amamos.
28. **Entrar por la puerta estrecha y la senda angosta que lleva a la vida.** La puerta ancha y la senda amplia en donde casi todo se puede y se vale, da rienda suelta a nuestro "yo" y a nuestra concupiscencia y eso nos lleva a la muerte.
29. **Pasar al otro lado.** La multitud crecía y hacía más difícil el trabajo, quizá ya habían hecho lo suficiente en ese lugar y fue una manera, que el Señor utilizó para enseñar, a sus discípulos, que más adelante habrían de ser esparcidos por la persecución romana y tendrían la necesidad de ser valientes e ir por todo el mundo. Para eso el Señor había venido. Se trata quizá de una señal de que Dios no quiere patrones establecidos que, mayormente, son limitaciones autoimpuestas, que nos detienen en ser y hacer más allá de nuestros hábitos y costumbres.
30. **Seguirle, dejando que los muertos entierren a sus muertos.** El Señor y lo suyo tienen que ser prioridad en nuestras vidas. No podemos poner excusas cuando Él nos llama, si queremos ser sus discípulos, no hay mejor tiempo que este preciso momento, no hay mejor espacio que este preciso lugar, para seguirle.

31. **Rogar para que Dios envíe más obreros a su obra en todo el mundo.** Los campos ya están listos para la cosecha y la hoz es el modelo de Jesús. Sólo tenemos que replicar lo que los primeros creyentes hicieron para activar la multiplicación.
32. **Que vayamos, prediquemos, sanemos enfermos, resucitemos muertos, limpiemos leprosos, expulsemos demonios, demos de gracia, no nos proveamos de dinero, ni de ropa, ni de calzado.** Había llegado el momento del examen, ya habían sido instruidos suficientemente, entonces el Señor les dio poder y les envió a las ovejas perdidas de Israel. No era aún el tiempo de los gentiles. La misión era corta en tiempo y en distancia, era el entrenamiento práctico que requerían. No debían cobrar por servir a los demás, quienes se encargarían de hospedarlos, alimentarlos y vestirlos.
33. **Averiguar quién es digno y hospedarnos ahí, hasta ir a otra aldea.** Que demos un saludo de paz y si la casa es digna y nos reciben, no oponiéndose a la predicación, bendigamos a esa familia y en caso contrario, retiremos esa bendición. Que nos quedemos en la casa que nos reciba, comamos y bebamos lo que ellos tengan y que no andemos de casa en casa.
34. **Si no nos reciben en alguna ciudad, sacudamos –al salir– el polvo de los pies.** El sacudir el polvo de sus pies era una señal de que los discípulos no serían responsables de la culpa y futuro juicio de los que rechazaban la predicación.
35. **Ir como ovejas en medio de lobos, siendo astutos como serpientes e inocentes como palomas.** En especial la oración y el ayuno pueden mantenernos alertas en un mundo de tinieblas y proveernos de las habilidades que la Palabra menciona.
36. **Si nos persiguen, huyamos a otra ciudad.** El asunto es claro una vez iniciado el trabajo, no podemos quitar la mano del arado. Si una puerta se cierra. abramos otra de inmediato.

37. **No tener temor, todo sale a la luz. Cuidémonos de la levadura de los fariseos.** Esa levadura representa la hipocresía. No hay nada encubierto que no llegue a saberse, ni nada escondido que no llegue a conocerse.
38. **Lo que el Señor nos dice en secreto, hablémoslo en la luz. Lo que nos dice al oído gritémoslo en las azoteas.**
39. **No tengamos temor de los que pueden matar el cuerpo, temamos a aquel que puede hacernos perecer el cuerpo y el alma en el infierno. No tengamos temor pues valemos más que muchos pajarillos.**
40. **Abstenernos de la avaricia.** Nuestra vida no depende de las cosas que tengamos. Finalmente nada hemos traído a este mundo y sin duda, nada podremos sacar.
41. **Ir a Él cuando estemos cansados o abrumados por el peso de algo.** El trabajo nos cansa, así como los problemas; los conflictos, las carencias y las pérdidas, nos abruman. descansemos en nuestro Dios, cuando no sólo creemos en Él, sino que además le creemos, podemos sujetarnos a sus principios. Entonces, su yugo es fácil y ligera su carga, en Él encontramos reposo y solución a todo lo que nos abruma. Esto no siempre sucede cuando creemos que lo necesitamos, sino que sucede en el tiempo perfecto de Dios. No siempre sucede de la manera que pensamos, sino a la manera de Dios. Lo suyo siempre resulta mejor que lo nuestro.
42. **Poner atención y escuchar.** Aquél en quien se sembró la semilla y es buena tierra, es la persona que oye Su palabra –y por el discernimiento que nos regala el Espíritu Santo– la entiende y entonces da fruto. Es decir, produce al treinta, al sesenta y al ciento por uno, así multiplica el fruto predicando la Palabra. La productividad depende de creerle a Dios y obedecerle, no podemos recibir más de lo que creemos y no podemos dar más de lo que tenemos. La clave es sanar la tierra, que es nuestro corazón y nuestra mente, para recibir de Él y entonces emprender lo imposible en las manos del Todopoderoso.

43. Dejar que el trigo y la cizaña crezcan juntos hasta la cosecha. El trigo representa a los creyentes y la cizaña a los incrédulos, quienes tienen el corazón endurecido, hasta que llega su tiempo. El enemigo de Dios anda como león rugiente buscando a quien devorar, él es quién siembra la cizaña buscando hacer todo el mal que pueda, y a la mínima rendija que le abrimos, el siembra discordia, envidia, celos y odio, tratando de inducirnos a pecar y a alejarnos de Dios. El trigo y la cizaña también nos muestran el amor de Dios y su infinita misericordia por los que todavía no le conocen, si no fuera así, quienes le conocemos estaríamos solos, apartados, encerrados y viendo morir a miles de personas en dirección al infierno y su fuego eterno, y quizá permaneceríamos en cuatro paredes sintiendo que el mundo no nos merece y que la cizaña nos estorba.

44. Dénles ustedes de comer. Ésta es una amorosa demostración del Señor sobre la necesidad que tenemos del poder del Espíritu Santo. Lo poco que tenemos, algo así como cinco panes y dos peces, no nos permitiría alimentar a cinco mil personas, pero Él lo hizo. Asimismo, este ejemplo es símbolo del trabajo que más tarde el Señor nos encomendaría: alimentar multitudes con sus principios y valores y con las señales que nos seguirán por creer en Él y hacer su obra.

45. Subir a la barca e ir delante de él, mientras despide a la multitud. Es posible que el Señor quisiera que sus discípulos descansaran un poco enviándoles a un lugar tranquilo, aunque en el trayecto, al cruzar el mar, la barca fue azotada por las olas, entonces caminó sobre las aguas, en medio de la tormenta, demostrando su amor y también su poder e impactando nuestras vidas. Debemos entender que necesitamos depender de Dios en todo, en especial para vivir la vida de milagros que nos espera más adelante.

46. Oír y entender que lo que contamina es lo que sale de la boca del hombre. Ninguna palabra corrompida salga de nuestra boca sino la que sea buena para edificar, según la necesidad del momento, para impartir gracia a los que escuchen.

47. Dejarlos, son ciegos guiando ciegos. Ésta es la orden que dio Jesús cuando le dijeron que los fariseos se escandalizaban de lo que decía. Estas cosas nos suceden no sólo a los religiosos, sino a cualquiera de nosotros cuando tratamos de imponer nuestras ideas, como si fuéramos sabios y entendidos. O cuando pretendemos ser guías de otros en el camino al cielo, en tanto que nosotros mismos titubeamos en encontrarlo; no por desconocimiento de que sólo Cristo es el camino, sino que nuestras luchas contra la carnalidad, el mundo y el enemigo de Dios, nos distraen, nos engañan y nos perturban. La única manera de que caigan las escamas de nuestros ojos para poder ver la luz, es siguiendo las pisadas del Señor Jesucristo.

48. Estar atentos y cuidarse de la levadura de los fariseos y saduceos. La levadura es símbolo de hipocresía, de legalismo, de oportunismo político y también de dureza espiritual. Es claro que debemos cuidarnos de personas con esas actitudes, pero también hemos de cuidar de no caer en ellas.

49. A nadie decir que él es el Cristo. Dos motivos provocaron esa orden: no había llegado su tiempo y el Espíritu Santo no había descendido aún sobre los discípulos. Es demasiado importante, para poder predicar con poder y autoridad, que el Espíritu Santo nos capacite. Podemos gritar, gesticular, ser extraordinarios y elocuentes predicadores, pero sin la unción del Espíritu Santo, seríamos solo metal que resuena o címbalo que retiñe. Cuidemos de no dejar de llevar la sana doctrina, la palabra simple, como está escrita, que nos debe llevar de victoria en victoria en nuestra cristiana manera de vivir. No andemos buscando con comezón oír la doctrina que nos guste o nos acomode, buscando falsos maestros que predican ciencia ficción y no a Cristo crucificado y resucitado.

50. **Si alguno quiere ir en pos de él niéguese a sí mismo, tome su cruz y sígale.** Sólo en Dios podemos encontrar la vida verdadera, si la buscamos lejos de Él solo encontraremos muerte. De qué nos sirve el éxito o el triunfo en el mundo si perdemos nuestra vida, no sólo debemos buscar la vida en Dios, sino nunca avergonzarnos de Él, ni de su Palabra.Negarnos es decidir no satisfacer nuestras necesidades físicas, emocionales o psicológicas hasta donde sea necesario, por satisfacerlo a Él. Tomar nuestra cruz es aceptar la responsabilidad de parecernos más al Señor, cada día, y seguirlo es hacer lo suyo a su modo y en su tiempo.

51. **No impedir a nadie que haga un milagro en Su nombre.** Uno expulsaba demonios en tu nombre y lo impedimos. Quien haga un milagro en Su nombre no puede hablar mal de él. Cualquier persona, si no está en contra o está a favor o puede llegar a estarlo, por lo tanto no debemos ni juzgarlos, ni tratar de detenerlos. Es tan fácil caer en juzgar y rechazar a otros porque piensan y actúan diferente. Es tan triste ver que como pueblo cristiano nos dividimos por diferencias en liturgias y doctrinas, juzgándonos de manera intolerante y dividiéndonos entre nosotros.

52. **Que no falte la sal entre nosotros para que puedan vivir en paz unos con otros.** La sal simboliza purificación porque preserva de la putrefacción de la carne. Lo que implica vivir ayudándonos unos a otros.

53. **No despreciemos a los pequeñitos.** En este pasaje podemos referirnos a un niño y también a un creyente que sabe poco o que aún obedece poco. Recordemos que los más débiles son los más necesarios, todos nos necesitamos unos a otros. A los menos dignos vistámoslos más dignamente y a los menos decorosos tratémoslos mas decorosamente.

54. **Si tu hermano peca, ve y repréndelo a solas,** si te escucha has ganado a tu hermano, si no te escucha lleva uno o dos como testigos, para que toda palabra sea confirmada y si rehúsa escu-

charlos sea para ti como el gentil y el recaudador de impuestos. Si se arrepiente, perdónalo, si peca contra ti siete veces y siete veces regresa a decirte: me arrepiento, perdónalo.

55. **Dejen a los niños y no les impidan que vengan a mí, porque de los que son como ellos es el reino de los cielos. El que no reciba el reino como un niño de ninguna manera entrará en él.** Es la fe de un niño que fácilmente todo lo cree, la que necesitamos para entrar en el reino de los cielos.

56. **El que quiera ser grande será quien sirva y el que quiera ser el primero será su siervo.** Los que gobiernan se enseñorean por su posición y los importantes son los que ejercen autoridad. Que no sea así entre nosotros, el Hijo del Hombre vino no para ser servido. Él vino a servir y a dar su vida para rescatar a muchos. La rivalidad natural, aunque pecaminosa, entre los seres humanos y la necesidad de sobresalir y mandar, llevaba a los discípulos a buscar una posición elevada, quizá por eso el Señor decidió lavarles los pies, para mostrarles que en el reino de Dios no podemos ganar jerarquías.

57. **Tener fe en Dios.** Con fe podemos lograr imposibles, es tan grande lo que podemos hacer con fe, que hasta podemos cambiar nuestra mente y corazón.

58. **Hacer todo lo que los escribas y fariseos nos digan conforme a la ley, pero no hacer lo que ellos hacen, porque dicen, pero no hacen.** Ponen cargas en los demás que ellos no quieren llevar. Les gusta la ropa ostentosa y ser vistos en las plazas saludando a todos, les gusta sentarse en las sillas de adelante, roban a las viudas y oran largamente para impresionar.

59. **No dejar que nos llamen** *rabí* **porque uno es nuestro maestro y todos somos hermanos (somos iguales) y no llamar a nadie padre porque uno es nuestro Padre, el que está en los cielos.** No dejar que nos llamen preceptor, tutor, mentor o guía porque uno es nuestro preceptor, Cristo. El Señor aquí está ordenando no usar títulos que impliquen jerar-

quías que otorguen dominio o superioridad. Es una gran lección de humildad contraria al orgullo que se satisface con los títulos y reconocimientos. Nuestra vida espiritual no puede depender de un papá espiritual, no podemos colgar nuestra fe de la manga de un señor que no sabemos ni a dónde la va a llevar.

60. **Velar porque no sabemos cuándo vendrá el Señor.** Aprender de la higuera. Cuando brotan sus hojas sabemos que el verano está cerca. Así cuando veamos las señales sabremos que el tiempo está cerca. Debemos vigilar que nos mantengamos despiertos y listos, que estémos esperando a nuestro Señor, pues vendrá cuando menos lo esperemos.

61. **Cuidar que nuestro corazón no se endurezca por el vicio, la embriaguez o las preocupaciones de la vida.** Orar mucho para que podamos escapar de lo que está por suceder y podamos presentarnos delante del Hijo del Hombre cuando regrese.

62. **Vayan a la ciudad a cierto hombre y díganle que yo digo: mi tiempo está cerca quiero celebrar la pascua en tu casa con mis discípulos.** Los discípulos hicieron como les había mandado, hicieron los preparativos y celebraron la pascua. Un ejemplo más de la obediencia de sus discípulos y de que ya habían aprendido a servirse los unos a los otros.

63. **Tomó el pan, lo bendijo, lo partió y lo dio a sus discípulos diciendo: tomad y comed, éste es mi cuerpo.** Tomando una copa y habiendo dado gracias se la dio a sus discípulos diciendo: beban todos de ella, esto es mi sangre derramada para el perdón de los pecados. Hagan esto en memoria de mi.

64. **Quedense aquí y velen conmigo, velen y oren para que no entren en tentación.** Sin duda gran necesidad, que se debe ver incrementada ahora que los últimos tiempos se acercan.

65. **¡Levántense! ¡Vamos! ¡Miren! Esta cerca el que me entrega.** Es quizá otro llamado más a estar alertas, en pie de lucha espiritual.

66. **Vayan por todo el mundo y anuncien las buenas nuevas a toda criatura.** El que crea y sea bautizado será salvo, el que no crea

será condenado. Estas señales seguirán a los que creen en mi nombre echaran fuera demonios, hablarán nuevas lenguas tomaran en sus manos serpientes y si bebieren algo venenoso no les hará daño, pondrán sus manos sobre los enfermos y sanaran.

67. **Hacer discípulos a todas las personas de todas las naciones**
68. **Bautizarlos en el nombre del Padre, del Hijo y del Espíritu Santo.**
69. **Enseñándoles a guardar todo lo que os he mandado y he aquí yo estoy con vosotros todos los días hasta el fin del mundo.**
70. **Quedarnos en la ciudad hasta que seamos revestidos del poder de lo alto.** La hermosa promesa del Padre para ser investidos con el poder del Espíritu Santo, para cumplir la tarea honrosa de ser testimonios de Jesucristo en nuestra ciudad o población, en nuestro país, en paises vecinos y hasta los lugares mas lejanos de la tierra.

¿Por qué si hemos muerto con Cristo a los principios del mundo, nos sometemos a ellos? ¿Por qué llegamos a pensar que los demás deberían hacer como nosotros? Parece que vivimos sometiéndonos a hacer, o no hacer, cosas según preceptos y enseñanzas de las personas, según una supuesta sabiduría convertida en una especie de religión humana, con esfuerzo físico, e incluso, con el trato severo al cuerpo. Sin embargo, esos esfuerzos no tienen valor alguno para acallar, doblegar o controlar la concupiscencia, ese aguijón en la carne de todo creyente, que constantemente nos inclina al pecado.

Los mandatos de Jesús son antídoto contra el egoísmo, la maldad, los celos, la envidia, el rencor y las necesidades narcisistas de todo ser humano.

Las órdenes del Señor son clave para el bienestar de nuestras relaciones con los demás y son, sin duda alguna, la mejor manera de construir un testimonio ascendente, mostrando un cambio constante en nuestra manera de vivir que nos permita presentar por la misericordia del Señor nuestro cuerpo como sacrificio vivo y santo, aceptable a Dios. Un culto racional, que permita reflejar una vida llena de Dios, de su paz y felicidad recibidas por estar cerca del Maestro, siguiendo sus pisadas.

Estas setenta órdenes de Jesús, nos responden a preguntas como éstas:

¿Cómo llegar a ser un poco más como Jesús?
¿Qué hacer para ir en pos de Él?
¿Cómo podemos ir adquiriendo la mente de Cristo?

La mejor manera de hacerlo es obedeciendo esas "pequeñas grandes" cosas que nos manda obedecer.

Lo sencillo, lo simple de la Palabra, es lo más difícil de vivir con congruencia y sensatez. El Espíritu Santo ha hecho cambios radicales en nuestras vidas, pero hasta hoy comenzamos a entender lo que es negarnos a nosotros mismos, tomar nuestra cruz y seguirle. Ese es el camino y la puerta estrecha para lograr ir pareciéndonos un poco más a nuestro Señor cada día. En el extremo de nuestro esfuerzo, podemos ponernos una túnica blanca, sandalias tipo antiguo en nuestros pies, dejarnos crecer la barba y el pelo (bueno, en donde todavía crece), colocar una Biblia muy grande bajo nuestro brazo e irnos al centro de la ciudad a gritar improperios y tratar de asustar a todos los pecadores para que se arrepientan y reciban a Cristo, pero no nos pareceremos al Señor y los resultados seguramente serían muy pobres. La mejor alternativa, aunque mucho más difícil, es desde luego obedecer sus mandatos, hacerlo todo como para el Señor, sabiendo que del Señor recibiremos la recompensa de la herencia, porque al Señor servimos. entonces las señales nos seguirán por creer y hacer. Que con ello estemos en el camino de ir obedeciendo más y más, aunque sea poco a poco, así podremos cumplir la grandiosa encomienda de hacer discípulos a todas las personas en Judea, en Samaria y hasta lo último de la tierra.

∽

CAPÍTULO 6

RELIGIOSIDAD O EL AMOR DE DIOS

Este es un tema con el que debo ser muy cuidadoso, no quiero ser irrespetuoso o criticar a quienes aprecio y respeto mucho. Tengo el regalo de Dios de conocer a varios apóstoles, algunos profetas, evangelistas, muchos pastores y otros tantos maestros; incluso algunos me dan la deferencia de considerarme su amigo, varios de ellos son consejeros de Casa sobre la Roca, y les rendimos cuentas.

Como ya lo abordamos, la Historia nos muestra la necesidad que tuvieron los primeros cristianos, de organizarse por el enorme crecimiento que tuvieron y por las terribles persecuciones que sufrieron, aunado a la necesidad que todos los seres humanos tenemos de sobresalir, tener autoridad y ser reconocidos y como todo esto provocó que la calidad de los dones del ministerio fueran asociados, erróneamente, a jerarquías y posiciones. Cuando el Señor constituye apóstoles, profetas, evangelistas, pastores y maestros, los capacita con dones y talentos, los respalda sobrenaturalmente para edificar a los creyentes, para que todos cumplamos la Gran Comisión, pero no lo hace con la intención de darles poder y autoridad sobre los demás, sino con el fin de confiarles el servicio y las funciones dentro del cuerpo de Cristo, no jerarquías eclesiásticas, religiosas ni posiciones encumbradas.

Los temas del poder y la autoridad, han ocasionado una frecuente suplantación en las áreas espirituales. No ha quedado claro que el poder espiritual sólo Dios lo posee, lo ejerce y lo determina.

El poder como sinónimo de energía, dominio y capacidad de decisión es dado sólo por Dios para la convivencia ordenada y sana entre seres humanos. Siendo Dios quien establece las autoridades, que ejercen el poder, debemos someternos a ellas.

Dejemos el poder a quien Dios lo otorga, el poder de hacer, obtener, detener, decidir o quitar. El poder del gobierno, el poder de todo tipo de autoridad, el poder de los medios de comunicación, el poder económico, no deben conectarse con la vida espiritual, no pretendamos usurpar el poder de Dios.

Los dones del ministerio conllevan responsabilidades de servicio, no del ejercicio del poder y autoridad humanas, sino sólo el poder del Espíritu Santo y la autoridad en el nombre de Jesús para llevarlas a cabo. No se requieren jerarquías o reconocimientos eclesiásticos, sólo administración. Los discípulos de Jesús en los primeros cincuenta años no ejercían autoridad, sino servían, no ostentaban poder, los reconocían; no obligaban, convencían.

El Señor mismo fue claro cuando enseñó sobre el tema del servicio, primero con su propio ejemplo, Él vino a servir y a dar su vida en rescate por muchos. Asimismo dio una lección inolvidable a sus discípulos, diciéndoles que el más pequeño es el más grande y el que quiera hacerse grande o ser el primero sería el servidor de todos.

Cuando los creyentes fueron muchos, por la gran multiplicación que lograban al ser utilizados por el precioso Espíritu Santo, –quien añadía cada día los que habían de ser salvos–, sucedía que lo extenuante del trabajo provocaba descuidos en la atención y el servicio que los doce discípulos ofrecían a todos, sin distinción. Eso les llevó a considerar que no era justo dejar la Palabra por servir las mesas y buscaron entre ellos a siete varones llenos del Espíritu Santo y de sabiduría para que se encargaran de ese trabajo. Servir las mesas tenía que ver con repartir los alimentos; también en las mesas era donde por costumbre se negociaban los asuntos, así que la labor de administrar el cuidado a los que más lo necesitaban se hacía en las mesas. Los "grandes" siervos estuvieron sirviendo las mesas todo el tiempo que les fue posible, hasta que la gran multiplicación les llevó a buscar quien les ayudara en esos trabajos para dedicarse de lleno a orar por los enfermos, echar fuera demonios, resucitar muertos y, desde luego, obedecer el mandato de predicar el evangelio para hacer discípulos por todas partes. Eso nos habla de esa maravillosa actitud de obedecer al Señor, sirviendo a los demás sin procurar tener una jerarquía o reconocimiento por esa labor. Si esos discípulos de Jesús vivieran ahora, estaríamos tratando de colocarlos en altísimas jerarquías eclesiásticas, que pervertirían la enseñanza del Señor de servir con amor, humildad y prestancia, sin enseñorearse de nadie, sin cuestionar ser mejor o más espiritual, sin títulos rimbombantes, casi nobiliarios. Seguramente, ellos no lo permitirían y nos enseñarían a obedecer obedeciendo, tal y como ellos lo hicieron en su momento. Consideraron injusto seguir sirviendo mesas, no porque fuera denigrante o poco valioso, sino que lo injusto apostaba a no fijar prioridades en cuanto al tiempo que dedicaban a las mesas, comparado con la predicación de la Palabra. Asimismo, era injusto no dar oportunidad a otros de ser entrenados para servir, para obedecer obedeciendo, enseñar haciendo y predicar predicando. ¡Hay tanto que debemos aprender!

En nuestra organización las responsabilidades de servicio las ejercemos así:

- **Apóstoles,** en el área de expansión, para abrir más sedes y más casas de estudio.
- **Profetas,** para guiar con la Palabra, exhortar, edificar y consolar
- **Evangelistas,** para compartir la palabra con señales y milagros en

las calles, hospitales, empresas, escuelas, en todo lugar donde haya necesidad.
- Pastores, encargados de brindar consejería, sanidad, liberación, ánimo y consuelo.
- Maestros, encargados de la enseñanza por grupos etarios, estado civil y género.

El propósito definido de estas áreas de servicio es hacer la obra del ministerio, haciendo discípulos, para la edificación del cuerpo de Cristo enseñándoles a guardar **todo** lo que nos ha mandado.

Si los dones del ministerio no implica ostentar posiciones de mando, entonces el apóstol no es el jefe del pastor, ni el profeta es el que trae a raya a los otros dos. El pastor no es el jefe del evangelista y el maestro no es el que tiene que perseguir los errores doctrinales de todos los demás.

Quizá lo que sucedía con los primeros creyentes era que alguno le predicaba a tres o cuatro y de inmediato les enseñaba a obedecer cada día, éstos hacían lo mismo con tres o cuatro más y ante la necesidad de reunirse a escondidas, recordemos que eran perseguidos, como sucedía, en las catacumbas. No sólo fue necesario decidir quién abría la puerta, quién saludaba a la entrada, quién prendía las velas, sino quién enseñaba y quién oraba por las necesidades de todos, tanto que tuvieron que ponerse de acuerdo en todo lo que hacían, lo que suena obvio y lógico, pero es posible que ahí iniciara la perversión del modelo de Jesús, al establecer más allá de las responsabilidades y el servicio de uno a otros, las jerarquías, el control y los niveles de unción.

Tiempo después, en el Libro de lo Hechos se menciona que por el templo y por las casas no cesaban de enseñar y predicar a Jesucristo. Para entonces el número de los discípulos se había multiplicado tanto, que se reunían, seguramente, a celebrar su salvación, crecimiento, madurez y desarrollo, y en las casas se reunían a compartir el pan y la enseñanza, lo que nos lleva a vislumbrar que el modelo celular permite el acercamiento necesario para enseñar a obedecer, obedeciendo.

¿El templo que se menciona era una sinagoga? ¿Era un templo cristiano? Era el templo de Jerusalén, un lugar muy modesto en comparación con el templo de Salomón. Este modesto edificio fue bellamente renovado por Herodes el Grande (el asesino de los niños en Belén) se trataba de un extraordinario conjunto de edificios, entre ellos la torre Antonia que era el cuartel romano. Había un mercado adjunto, donde Jesús echó a los cambistas y un lugar conocido como "el patio de los gentiles" donde podían acceder no judíos para admirar el templo sin entrar en él. El lugar donde los discípulos se reunían era en un patio central, que era el lugar desde donde Jesús enseñaba y contendía con los maestros de la ley y los fariseos. Se entraba allí a través de una preciosa puerta monumental llamada "La Hermosa". Ese era el lugar al que se refiere la cita del libro de los Hechos, que fue destruido en el año 70 por el general Tito, por órdenes del emperador Vespasiano. De ese edificio sólo queda un muro de pie: el muro de los lamentos, todo lo demás fue arrasado junto con la ciudad y los judíos expulsados, en lo que ellos llaman "la diáspora".

El primer templo cristiano se construyó trescientos años después por mandato de la madre de Constantino. Sobresale que había esa necesidad de reunirse y por ende se buscaba la solución. Recordemos que la Iglesia, como la concebimos hoy, nace muchos años después, el catolicismo inicia en los albores del siglo tercero, mucho después de lo sucedido en el libro de los Hechos. Después de varios siglos inicia el protestantismo y años más tarde surgen el calvinismo, el luteranismo y muchas denominaciones y confesiones de fe posteriores. Cabe preguntarnos, ¿ese desarrollo y lo que existe hoy día en el cristianismo es el modelo de Jesús para evangelizar al mundo? Seguramente no.

Recientemente escuche predicar un tema que me llevó a una profunda reflexión: ¿Jesucristo es evangélico? ¿Jesucristo es cristiano? ¿Jesucristo tiene o pertenece a alguna religión? Estos cuestionamientos permiten definir aspectos importantes en cuanto a nuestra relación con Dios Padre, y respaldan con contundencia la decisión de no tener una religión, sin juzgar a quien la tiene, sino buscar incesantemente una relación cada vez más intensa y profunda con Dios a través del Señor Jesucristo, siendo convencidos, permanentemente, de pecado, justicia y juicio por el bendito Espíritu Santo, recibiendo su consuelo, vital para mantener nuestro anhelo, deseo y decisión de proseguir a la meta, al supremo llamamiento de Dios en Cristo Jesús. ¡Jesucristo hoy es judío!

La Biblia dice que Jesucristo es hoy el león de la tribu de Judá, quien ha vencido y por eso puede abrir el libro y sus siete sellos, es el cordero inmolado que está de pie, que ha hecho un reino y sacerdotes para nuestro Dios y que nosotros reinaremos con Él, quien es el único digno de recibir el poder, las riquezas, la sabiduría, la fortaleza, el honor, la gloria y la alabanza. El león de la tribu de Judá nace judío, fue judío y seguirá por siempre siendo judío.

Entonces ¿por qué al seguir sus pisadas no debo hacerme judío como Él?

1. Porque el vino a cumplir la antigua ley no a abrogarla y al cumplirla promulga la nueva ley del amor, nos da un nuevo mandamiento: que nos amemos los unos a los otros como Él nos ha amado y al cumplir esa ley, cumplimos toda la ley y ya no estamos bajo la ley sino dentro de la ley de Cristo.

2. Porque Él no nos dio el mandamiento de hacernos judíos.

3. Pablo se opuso rotundamente a Pedro en el tema de judaizar. Incluso en el Concilio de Jerusalén, los apóstoles decidieron no poner mayor carga a los gentiles que se convertían al Señor y que sólo se abstuvieran de las cosas sacrificadas a los ídolos, de sangre, de lo estrangulado o ahogado y de fornicación. Aun cuando parecían requisitos no muy grandes, eran eso, requisitos o quizá sólo recomendaciones generales. Podemos cuestionarnos si eso fue lo que Jesucristo enseñó, si eso fue su mandato, si para eso murió y resucitó, seguramente no. Poner requisitos para recibir a Jesucristo es muy religioso, no debería ser, ¿acaso recibir a Jesucristo y confesarlo con nuestra boca, creyendo que vive, no es suficiente para ser salvados? Ahí inicia el precioso Espíritu Santo a cambiarnos el corazón y la mente y nuestra vana manera de vivir. Diferente, muy diferente es la salvación del hecho de ser aceptados como miembros o participantes de un grupo, iglesia o denominación. ¿Entonces en dónde queda el tema religioso?

Debemos respetar mucho el tema y respetar mucho más a quienes piensan diferente y profesan una religión. Podemos, en lo personal, no profesar ninguna religión, sin criticar ni juzgar a nadie. En Casa sobre la Roca no utilizamos términos religiosos como altar, templo, púlpito, etcétera, no nos llamamos hermanos entre nosotros aunque desde luego eso somos, no llamamos por nombramientos de apóstol, profeta, evangelista, pastor o maestro, aunque procuramos desempeñar esas funciones y responsabilidades lo más cabalmente posible con la ayuda del Espíritu Santo.

No ofrecemos una religión sino una relación con Dios, frase que se ha hecho famosa y que muchos utilizamos. La mayoría de quienes no han recibido a Cristo la oferta que, comunmente, reciben es:

- Dejar de ir a un templo para ir a otro templo
- Ya no ser parte de una iglesia para empezar a ser parte de otra
- Dejar de escuchar de un púlpito para ir a escuchar de otro
- Ya no arrodillarse en un altar para arrodillarse en otro
- Ya no participar en algunos ritos religiosos, para participar en otros
- Dejar de ser atendido por un sacerdote para ser atendido por un pastor

¿Acaso las personas que nos visitan por primera o segunda ocasión, entenderán fácilmente el contexto no religioso, o sólo percibirán una oferta de cambio de religión?

Desde luego que una diferencia real y muy importante, es que se ofrece no sólo oír la Palabra del Señor, leída en las reuniones, sino siendo predicada y teniéndola como base y fundamento de la fe. Resulta conveniente tocar el tema conocido como "paternidad espiritual".

Pablo dice que en Cristo engendró a otros, también utilizó términos amorosos y paternales como "mis hijos", así como el propio Juan uso la palabra "hijitos". Hermosas figuras paternales usadas por Pablo y Juan, que muestran el amor excelente que tenían por aquellos a quienes dedicaban su vida con el fin de ganarlos para Cristo y enseñarlos a hacer lo mismo con otros más. Sin embargo, el tópico de la paternidad espiritual, desafortunadamente hoy se ha tornado en un abuso y en exageraciones dañinas, que nos llegan a colocar en una posición que ninguno debemos ni merecemos tener. Nadie tiene la capacidad espiritual para hacerlo, nadie está tan avanzado en la obediencia a la Palabra y su justicia, que cometa muchos menos errores o tenga muchas menos luchas que los demás. Hay quien cree poder decir a los demás qué hacer con su vida, también existen personas que en lugar de buscar el consejo bíblico, buscan que alguien les diga qué hacer en situaciones o decisiones demasiado personales por las que cada uno debemos ser responsables.

Pablo no se menciona a sí mismo como el papá espiritual de nadie, aunque se infiere que toma una actitud muy paternal. Sin embargo, es precisamente Pablo quien aconseja con la Palabra de Dios y no con sus propias ideas, apuestas o decisiones. Él mismo sufre la lucha contra su carnalidad y lo expresa con claridad al decir que hace lo que no quiere. Además ninguno de nosotros es Pablo o Juan; no sé si tú eres como ellos, yo no, ni soy papá espiritual de nadie, ni tampoco abuelo espiritual de otros más, a lo más que aspiro es a ser facilitador de la Palabra para algunos, y eso ya constituye la enorme responsabilidad de facilitarles la enseñanza de Jesús para que sean sus discípulos, como yo he decido serlo y, así, decidan multiplicarlo en otros.

No acepto ser papá de nadie más, excepto de mis propios hijos quienes llevan mi sangre. Es impactante que aun la Biblia dice con total claridad que no llamemos a nadie padre, ni busquemos o permitamos que nos llamen maestro. Lo asentado en líneas anteriores, descansa en dos razones primordiales:

a) Muchas de las personas con las que compartimos la Palabra sienten rechazo al ambiente religioso, para algunos no es atractivo y otros vienen huyendo precisamente de ello.

b) Buscamos evitar caer en la tentación de que títulos eclesiásticos, puedan darnos jerarquía o posiciones que no merecemos ninguno de los que trabajamos en nuestra asociación civil.

Preferimos no rebasar el nivel de siervos inútiles, pues sólo hacemos lo que debemos hacer y muchas veces no con la diligencia y empeño que debiéramos. Sin que tomemos una posición extrema, el Señor no quiere desvalorizarnos o despreciarnos, Él no es así, pero no debemos robarle su gloria, pues toda buena dádiva y todo don perfecto provienen de lo alto, del Padre de las luces. Mucho menos podemos jactarnos de nada, pues todo lo hemos recibido. Las jerarquías tienen lugar en la administración de la obra de Dios y su propósito es la definición de responsabilidades para la toma de decisiones, de modo que en total coordinación vayamos edificando la parte que a cada uno nos corresponde.

Tenemos que hacer discípulos enseñándoles a obedecer lo que Él nos ha mandado sin jerarquías, sin estructuras eclesiásticas, sin empoderamiento. Se trata de propósitos difíciles de cumplir, porque todo lo que hacemos finalmente es vanidad, (énfasis del predicador) y a pesar de eso debemos servirnos unos a otros. El que sepa más o pueda más, sirva a los demás, en especial a aquéllos que son los más débiles, pues son los más necesitados. Y los que tenemos dificultad en cosas como esas por la exaltación natural del ego, que Dios tenga misericordia y nos de un aguijón en la carne para que no nos exaltemos demasiado.

Anhelamos estar concentrados en alcanzar personas para el evangelio de una manera no religiosa. Ese es nuestro objetivo y propósito de existir, nos hemos constituido como asociación civil precisamente por ese motivo. Incluso la palabra "Jehová" no la usamos, la razón es por amor a las personas a las que les hablamos del amor de Dios y que fácilmente pueden confundirnos con otras confesiones de fe y ser eso un obstáculo para que nos escuchen y reciban al Señor. Hemos encontrado que muchas de las personas que nos visitan o con las que compartimos en distintos ámbitos y lugares, nos rechazarían de entrada por esa razón, así nos lo han hecho saber cuando con el tiempo adquieren mayor confianza en su relación con nosotros, y hemos decidido usar el término "Señor" y evitar que eso sea razón o pretexto para rechazar la Palabra. Creemos que el amor, al que no le conoce, debe ser el motor de lo que debemos hacer, que es: predicar el evangelio, hacer discípulos del Señor, enseñándoles a hacer sus mandatos.

En este tema, y sin el ánimo de contrariar o polemizar. la palabra *Jehová* aun cuando aparece en el Antiguo Testamento 5,840 veces (dependiendo de la versión de la Biblia) no aparece en el Nuevo Testamento ni una sola vez. ¿Será eso algo a tomarse en cuenta? Incluso varias versiones de la Biblia tampoco usan ese nombre en el Antiguo Testamento, de hecho la mayoría de las versiones incluyendo la Reina Valera contemporánea no utilizan la palabra *Jehová*, que por cierto significa "Yo soy", "El que es", "El Señor", "El Creador". El Antiguo Testamento fue escrito en un Hebreo Antiguo que no usaba vocales, fue en el siglo VI que los masoretas, eruditos judíos, colocaron vocales del nombre *Adonay* (A,o,a) entre las consonantes YHVH, lo que dio por resultado la palabra YHEHOVAH, la cual, al traducirse al español se convirtió en Jehová, que también significa "Señor nuestro". Usar "Adonay" o "Dios de dioses", "Elhoim" o "El único y verdadero Dios", "El Shaddai" o "Dios de la montaña", "Emmanuel" o "El Señor con nosotros" o cualquier nombre de Dios es correcto en su original o en su traducción.

Cuando leemos en la Palabra de Dios que maravillosas señales seguirán a los que creen, podemos preguntarnos seriamente si eso sucede hoy día y qué tanto. Sin duda alguna sucede, pero no vemos multitudes doblando su rodilla ante el Señor, cada día, eso sucedía en los primeros años del cristianismo, las multitudes venían a Jesús, el impacto llegaba a cada lugar, y la fórmula era y sigue siendo simple:

Más creo, más obedezco; más obedezco, más unción recibo; más unción recibo, más señales me seguirán; más señales me seguirán, más pecadores se convertirán a Cristo.

La unción corresponde no a una súper persona, aquélla que casi camina sobre nubes y que los simples mortales no le merecemos, Dios nos perdone tantos excesos, tantos abusos, tanta presunción. La unción viene de Dios y es inmerecida e inalcanzable por el ser humano, es un regalo, es un don y sin ser un "iluminado" ni un gran siervo, Dios da la unción a quien quiere, cuando quiere y cuanta quiere y si para que eso suceda, si hay algo que podemos hacer de nuestra parte, correspondería en forma directamente proporcional a una vida de oración, de santidad y de obediencia. Sin que se pretenda negar, ni limitar o intentar manipular la voluntad de Dios, pues Él es soberano y nuestras mejores obras son inmundicia ante su perfección y pureza, así que no logramos con Él ni para Él, sino que recibimos de Él.

Los discípulos

No solo eran doce sino muchos más, seguramente llenos de miedo después de la crucifixión. Impactados por volver a verle, su fe tuvo que crecer incalculablemente, es cuando le ven ascender a los cielos que inician a cumplir el mandato con éxito impresionante por todas la ciudades como menciona el Libro de los Hechos que usa palabras como multitudes, una gran multitud, trastornan al mundo entero, alborotaban al pueblo y a las autoridades, etcétera.

El trabajo se consolidaba magistralmente, sin duda el Espíritu Santo les respaldaba y añadía los que habían de ser salvos. Involucraban sus sentimientos, sus emociones, con altibajos como cualquier otro ser humano, pero vivían una entrega total, trastornaban ciudades enteras. Lo que hacían era compartir uno a uno, obedecer y enseñar a obedecer y cientos de miles recibían al Señor comenzando a ser discipulados. Veían el fruto de su testimonio, fueron llamados cristianos por primera vez en

Antioquia, después del año 40 D.C., veían las señales que les seguían, y en esa vida de milagros, liberaciones y sanidades las multitudes doblaban su rodilla ante el Señor Jesucristo. Las multitudes confesaban con su boca que Jesús es el Señor, no sólo los once y Matatías o Matías que fuera nombrado para sustituir a Judas sino decenas y poco más tarde centenas y después millares haciendo el trabajo, cumpliendo el mandato. Eran tantos que las autoridades se impresionaban primero, se admiraban después y finalmente se preocupaban de perder sus posiciones por la influencia que lograban en miles y miles, lo que provocó la persecución y la decisión de exterminarlos. Algún historiador propone que cerca de un millón fueron sacrificados por su Señor y eso fue terrible, pero no sólo no lograron detenerlos, sino que el evangelio corría por todas la ciudades salvando, bendiciendo, sanando y prosperando.

Hay tanto que aprender de todos ellos, una fe viva, no encerrada en cuatro paredes juzgando y rechazando al pecador, sino acercándose a ellos, a cada uno, creyendo el milagro de salvación, la gracia de Dios y su misericordia inagotables que trastornaban ciudades enteras,

¿Será posible que eso vuelva a suceder?, ¿será eso a lo que Jesús se refería cuando dijo que mayores cosas que las que Él hizo nosotros haremos? ¿Será que debemos volver a lo básico, a la predicación del evangelio y a la formación de discípulos del Señor? ¿Será que la predicación debe ser simple y llanamente hablar de Jesús, de su muerte y de su resurrección?

Debemos aprender a predicar, no como si fuéramos expertos o ministros encumbrados, sino como pobres pecadores arrepentidos, predicando a pecadores. Se dice que "aunque la mona se vista de seda, mona se queda" o que "el pavorreal aunque posee hermosas plumas, sigue avergonzado por que tiene las patas negras". No podemos dejar de sentir vergüenza de nuestros negros pies, recordando que sin su gracia, su presencia, su poder y autoridad, nada somos y nada espiritual podemos lograr. Así que debemos predicar a Jesucristo, dándole toda honra, toda gloria, toda alabanza y toda adoración. Debemos predicar a Jesucristo en su muerte y en su resurrección que es lo que nos redime, pero debemos predicar de su vida, de sus enseñanzas, de sus parábolas y muy especialmente todos tenemos que escuchar sus mandatos, oyendo con el corazón y permitiendo que el Espíritu Santo nos guíe a toda verdad.

En la Palabra de Dios encontramos muchas enseñanzas sobre su vida y sobre su muerte, que nos deben llevar a decisiones contundentes, como:

- Despojarnos del pecado que nos asedia y correr la carrera puestos los ojos en Jesús, autor y consumador de la fe y considerar todo la persecución que sufrió para que no decaiga nuestro ánimo aunque podamos llegar a niveles de desmayo.
- Debemos buscar sentir lo que Cristo sintió al despojarse a sí mismo, tomando forma de siervo como todos nosotros y en esa condición se humilló hasta la muerte en total obediencia.
- Debemos, a pesar de los conflictos, las pruebas, las persecuciones y las derrotas, llevar siempre y por todas partes la muerte de Jesús, para que su vida se manifieste en nuestro cuerpo. Porque vivimos entregados a muerte por causa de Jesús, para que su vida se manifieste en nuestra carne mortal.
- Debemos mirar la gloria del Señor a cara descubierta para ser transformados de gloria en gloria en la misma imagen, como por el Espíritu del Señor.
- Debemos creer con el corazón que Dios demuestra su amor por nosotros, en que siendo pecadores, Cristo murió por nosotros, justificándonos así para ser salvos de la ira de Dios, pues aunque éramos enemigos, fuimos reconciliados por medio de nuestro Señor Jesucristo y somos salvados por su entrega.

¿Será el tiempo de que nuestra forma de vida, nuestras acciones y más nuestras reacciones: nuestro trato con las personas, la obediencia y el respeto a las autoridades, el cumplimiento de las leyes (desde lo simple, como respetar los límites de velocidad, hasta el pago puntual y cabal de los impuestos), el trato amoroso y dedicado a nuestra familia, una honestidad a prueba de balas y entre muchas otras cosas, orar por cada enfermo, combatir la pobreza extrema y la trata de personas, denunciar todo delito sin temor alguno, hablen mucho más y más contundente de nuestra fe que todas nuestras palabras?

Francisco de Asís dijo: "Prediquen el evangelio en todo tiempo y de ser necesario usen palabras".

Soñemos con que llegue el día en que los que no conocen al Señor, al tener una necesidad como ser sanados de una enfermedad, liberados de una opresión o consolados de cualquier aflicción, busquen a los creyentes, agolpándose fuera de los edificios de reunión en largas filas durante horas, porque nosotros tenemos palabras de vida eterna, el amor de Jesucristo, la autoridad en el nombre de Jesús y el poder del Espíritu Santo para hacer milagros, señales y prodigios que le den la gloria a nuestro Dios, cada día sin necesidad de esperar hasta hacer congresos, o marchas o campañas, sino que sucedan cosas así todos los días, como parte de una forma de vida que refleja una fe inquebrantable, una unción cotidiana de todos sus seguidores y no sólo de algunos.

Actitudes religiosas

Sucede que a veces ponemos más énfasis en doctrinas, liturgias y formatos que en la obediencia a la Palabra.

Sucede que nuestra forma de pensar tiene que ser mejor que la de otros sólo porque es nuestra.

Sucede que despreciamos a los no creyentes aun con términos despectivos y discriminatorios como "impíos", "incircuncisos", "irredentos", en lugar de esforzarnos en tratarlos con el amor que el mismo Jesucristo nos da.

Sucede que dedicamos tiempo a criticar o burlarnos de otros, de sus formas y doctrinas, sus actitudes y reacciones, dando por sentado, desde luego, que lo nuestro tiene que ser mas espiritual, bíblico o doctrinal.

Sucede que llegamos a medir "nuestro éxito" en la obra de Dios comparándonos con otros en el numero de asistentes, el tamaño de las instalaciones, la influencia política que tengamos, el número de artistas, políticos y empresarios que vienen a nuestras reuniones o el tiempo que tenemos de servir al Señor.

Sucede que llegamos a poner más atención en las necesidades de los más encumbrados, cuando la Palabra enseña que los más débiles son los más necesitados, que nos necesitamos unos a otros y que debemos vestir más dignamente y tratar con más decoro a los que parecieran ser menos importantes y no hacer acepción de personas.

Sucede que fácilmente criticamos, juzgamos o señalamos a quienes tienen una economía más desahogada que la propia o tienen más conocimientos, estudios o mejores relaciones con personajes importantes.

Este es un capítulo aclaratorio de lo que pensamos muchos de los que trabajamos en la pequeña parte que nos corresponde en la obra de Dios, pero el propósito de este libro no es hablar de nuestras formas, pues no son mejores, sólo son las nuestras. Nuestra forma de pensar no es una propuesta, es una oportunidad de esclarecer ideas y pensamientos. No pensamos ni creemos que alguien deba adoptar nuestras formas y menos nuestras ideas, no lo hacemos mejor, sólo lo hacemos con el corazón, sí, como muchos, como tantos, como todos. El modelo de Jesús se detuvo. El propio paso y ritmo del modelo hubiera permitido alcanzar al mundo entero de esa época. Esto es el porque y el para qué, de este libro: si volvemos al origen, al modelo de Jesús, podremos alcanzar al mundo en unos años.

Expansión

Hagamos un poco de números para dimensionar lo que sucedió en el tiempo de los primeros discípulos, sin duda no es una exageración del escritor bíblico cuando dice que multitudes venían al Señor, que por todas las ciudades compartían su fe, que se multiplicaba grandemente el número de los discípulos, que impactaban ciudades.

Hoy que es el *kairos*, el tiempo de Dios, para que vuelvan a suceder tales hazañas.

Si pudiéramos compartir personalmente a una persona cada semana, sólo una cada semana que reciba a Cristo confesándolo con su boca, como discípulo lograría:

En un año, cincuenta y dos convertidos,
en tres años ciento cincuenta y seis,
en cinco años doscientos sesenta.
en diez años quinientos veinte
en veinte años mil cuarenta.
¡Gran fruto y satisfacción!

Con el modelo del discipulado, suponiendo que cada seis meses, no cada semana, pudiéramos discipular a una persona que fuera enseñada a obedecer la escritura y a replicar el modelo, el cálculo sería: uno tú y dos él, a los seis meses; más uno cada uno, serían cuatro al final del primer año. Si continúa el modelo y cada uno hace su parte de discipular a una persona más cada seis meses:

en tres años, 54
en cinco años, **1 024**
en diez años, **1 048 576**
en once años **4 194 304**
en doce años **16 777 216**
en trece años 67 108 864
en catorce años 268 435 456
en quince años 1 073 741 824
en dieciseis años 4 342 967 296

En dieciséis años y seis meses habría ocho mil seiscientos ochenta y cinco millones novecientos treinta y cuatro mil quinientos noventa y dos (8,685'934,592) discípulos de Jesucristo. Es decir, basta con que una sola persona crea tal milagro para que suceda, para que la multiplicación se logre. La clave está en que no se detenga, que no se pervierta, como sucedió pocos años después del tiempo de los primeros discípulos del Señor.

¿Todos lo recibirán? creo que no, hubo algunos que le dejaron estando Él presente físicamente. Otros le rechazaron abiertamente, algunos más le persiguieron hasta matarlo y sucedió de igual manera con los primeros creyentes. Sin embargo y considerando que al año **2012** la población total en el mundo fuimos poco más de **7,000** millones de personas, ¿cuántos de esos le recibirán de hoy al final de los tiempos?

Un discípulo cada seis meses no es imposible, sólo se necesita ser ejemplo en ir obedeciendo un poco más al Señor cada día y que ese discípulo haga lo mismo y el discípulo de él, cada seis meses otro más y así sucesivamente. ¿Y si más de uno tomamos el reto? ¿Si cien o mil o muchos más lo hacemos? En unos pocos años cumpliremos el propósito de Jesús y quizá eso es lo que el Señor está esperando para regresar y establecer su reino aquí en la tierra.

☙

CAPÍTULO 7

ESPÍRITU SANTO Y FUEGO

Un cambio tan radical como el de morir a lo nuestro para vivir lo suyo, es realmente imposible y sólo se puede lograr si el Espíritu Santo lo hace en nosotros. Él siembra la semilla para lograrlo, Juan dijo que seríamos bautizados en Espíritu Santo y fuego.

Lo primero que encontramos en la Palabra es que debemos creer como lo hace un niño para entrar en el Reino de los cielos.

En segundo lugar, debemos desechar todas nuestras ideas y doctrinas respecto a lo que el Espíritu Santo hace y quiere hacer en nuestras vidas. No podemos permitir que nuestras mentes, liturgias o estereotipos coarten las formas en que Él quiere cambiarnos y manifestarse. Eso sería legalismo, el cual, si bien acepta que la salvación se recibe por fe, equivocadamente nos propone que la santificación o purificación la obtenemos por obras, cuando no es así. No podemos someternos a preceptos y rudimentos del mundo, lo importante no son las cosas que hacemos, sino lo que permitimos que el Espíritu Santo haga en nosotros. La santidad es una constante de arrepentimiento y una creciente obediencia de su verdad; los valores personales, la firmeza de carácter, la fidelidad a la obra de Dios, ni siquiera la abnegación y sumisión, pueden, por sí mismos, lograr lo imposible, sino sólo el poder del Espíritu Santo.

En tercer lugar, la Biblia nos habla de las maravillas, prodigios y señales que Dios Padre hizo por medio de Jesucristo; señales que sus discípulos vivían cotidianamente, cuando salían y predicaban en todas partes, el Señor les ayudaba y confirmaba la palabra que hablaban con las señales que les seguían.

En cuarto lugar, en este proceso de ir viviendo mayor santidad en nuestras vidas o en su vida en nosotros, necesitamos ser pasados por el fuego que nunca se apagará para que la paja se queme, el aventador está en su mano, limpiará su era y recogerá su trigo en el granero. Sin el poder del Espíritu Santo, seguir las pisadas del Maestro, no pasaría de ser un muy buen intento, sería lógico y razonable. Está escrito, leerlo es fácil, hablar de ello también lo es, no toma ni mucho tiempo ni mucho estudio saber lo que "En aquellos días sucedía...". El tema es que morir a nosotros mismos, tomar nuestra cruz y seguir sus pisadas, es verdaderamente imposible y sólo al ser bautizados con el Espíritu Santo y fuego podemos alcanzar aquello para lo cual fuimos alcanzados por Cristo Jesús. Pidámosle al Señor que nos reciba, que nos permita ser parte de lo suyo, que cambie todo lo que quiera, que nos lave de todo lo que le estorbe en nosotros. Supliquémosle a nuestro Padre Celestial que el precioso Espíritu Santo, en el nombre de Jesucristo, se manifieste en nuestras vidas como Él decida, cuando Él decida, cuantas veces decida. Lo que realmente debe interesarnos no son las formas; sin importar hace cuanto recibimos el bautismo en el Espíritu Santo, debemos anhelar ser bautizados en fuego. Lo que sea que eso último signifique, no tiene fin, Él siempre tiene más para nosotros, no importa si lloramos o reímos por su presencia, no importa si temblamos o si caemos al piso, no importa si nos usa con denuedo, poder y autoridad para predicar su palabra, no importa si es única y esporádicamente para echar fuera demonios, sanar enfermos, resucitar muertos; lo que realmente debe interesarnos es hacer su perfecta voluntad en nuestras vidas, glorificar su nombre, agradarle en todo y ver acontecer el trascendente cambio, al grado de que vayamos muriendo, para que el Señor viva en nosotros, al tiempo que vamos siendo limpiados, emblanquecidos y purificados nuestros corazones de mala conciencia y lavados con agua pura para mantener firme y sin fluctuar la esperanza porque Él es fiel para siempre.

Transición

Nos encontramos ante un conflicto, ¿cómo avanzar en hacer discípulos? Debemos preguntarnos: ¿qué de todo lo que hacemos, las pláticas que damos, los cursos que ofrecemos, las actividades que efectuamos, las reuniones que tenemos, son parte de avanzar a ese precioso y maravilloso siguiente nivel?

¿Debemos simplemente volver a empezar? No, pues Dios no nos ha traído hasta aquí para volver atrás. Ir a otros niveles espirituales, no es fácil pero sí necesario, debemos buscar en oración su guía, escuchar la multitud de consejeros para recibir sabiduría, orar mucho, buscar mucho, decir mucho, pero con la seguridad de que el modelo de Jesús para hacer discípulos tiene que ver primero y principalmente con un profundo cambio de corazón. Es una cirugía mayor, en el cuerpo de Cristo, la que se requiere, misma que abarca desde los antecedentes de la Iglesia primitiva y cómo se pervirtió y detuvo, sumando las persecuciones romanas, el humanismo y los humanos, transformando todo a un sistema piramidal, monolítico y jerárquico eclesiástico, pasando por la reforma de Lutero y Calvino hasta nuestros días en donde debemos retomar el hacer discípulos de Jesús, enseñándoles lo que nos ha mandado hasta que el Señor regrese.

Conclusión

Estemos dispuestos a servir y seguir al Señor, hoy entendemos que son dos cosas diferentes, no opuestas sino complementarias. Sabemos que representa un gran costo para nosotros, debemos soslayar lo nuestro para privilegiar lo suyo, debemos someter nuestra carnalidad más cada día, debemos proteger nuestra alma de la seducción del mundo, debemos estar firmes en nuestra fe y en nuestras decisiones contra las asechanzas del enemigo de Dios, debemos creer con firmeza que el modelo de Jesús sí funciona. Decidamos morir a nosotros y a nuestras ideas, acciones y reacciones, a nuestros deseos y necesidades, al menos un poco cada día. Decidamos obedecer el mandato de predicar el evangelio, hacer discípulos, enseñarles a obedecer, obedeciendo todo lo que nos ha mandado, para que ellos a su vez enseñen a otros.

El modelo del discipulado que nos enseñó el Señor, tendrá el mismo impactante y maravilloso resultado que tuvo en los primeros cien años del ministerio de los discípulos de Jesús; se predicará el evangelio a toda criatura, miles de millones de personas por todo el mundo doblarán su rodilla ante el Señor Jesucristo, miles de millones de personas por todo el mundo confesarán con su boca que Jesucristo es el Señor y salvador de sus vidas. Esta multiplicación al llegar a miles de millones, preocupará de tal manera a los pocos que ostentarán el poderío mundial controlando la economía y la política, los recursos renovables y no renovables, y eso será principio de dolores, pues perseguirán a los creyentes como en su época lo hizo el Imperio Romano, nos entregarán a tribulación y muerte, seremos aborrecidos por todos los que hayan rechazado al Señor. Oiremos de guerras y rumores de guerras, se levantarán nación contra nación, habrá pestes y hambre, muchos dirán ser el Cristo, muchos serán engañados, la maldad se multiplicará, se levantarán falsos profetas.

Parece contradictorio pensar que somos precisamente los creyentes quienes vamos a desatar la gran tribulación por obedecer al Señor y enseñar a otros a hacer lo mismo, pero maravillosas promesas nos esperan al final de esos días que serán acortados. Los sufrimientos de este tiempo no se comparan con la gloria que nos será revelada. Quizá ésa será la revelación de los hijos de Dios que la creación anhela profundamente.

Sólo cuidemos que nuestro amor no se enfríe, que estemos velando en todo tiempo, orando para que tengamos fuerzas para escapar de todas esas cosas que están por suceder y a pesar que el sol se oscurezca, la luna no brille más y las estrellas caigan del cielo, que perseveremos hasta el fin, porque entonces la señal del Hijo del Hombre aparecerá y le veremos venir sobre las nubes del cielo con poder y gran gloria, oiremos voces de trompeta y nuestro Señor nos juntará de los cuatro vientos, desde un extremo del cielo hasta el otro extremo. Entonces estaremos vestidos de ropas blancas habiendo lavado nuestra ropa emblanqueciéndola simbólicamente en la sangre del Cordero y a partir de ahí estaremos delante del trono de Dios de día y de noche sirviéndole y adorándole por la eternidad.

Lo que somos y buscamos, lo que necesitamos y procuramos, lo que sentimos y expresamos, lo que pensamos e imponemos, fue determinante para pervertir y detener el modelo de Jesús. ¿Controversial no? Pues es precisamente a través de personas comunes, como tú y como yo, que el Señor quiere volver a intentarlo. Ellos pudieron, ellos, las primeras centenas de discípulos de Jesús lo lograron.

¿Por qué tú y yo no podríamos alcanzarlo? ¿Tomaremos el riesgo? ¿Pagaremos el costo? ¿Creeremos que ése es su propósito? ¿Somos parte en el establecimiento de su reino, alcanzando multitudes uno a uno con el modelo de Jesús, logrando con ello predicar el evangelio a toda criatura, haciendo discípulos a todas las naciones?

¿Estamos dispuestos a echar fuera demonios, hablar nuevas lenguas, tomar serpientes en las manos, beber cosas mortíferas, poner manos sobre los enfermos, aunque eso cambie radicalmente nuestras vidas? ¿Aunque debamos negarnos a nosotros mismos, tomar nuestra cruz y seguirle? ¿Aunque fuera de nuestras casas y del edificio de reuniones se agolpen las personas buscando sanidad y liberación y sea extenuante servirles?

¿Somos acaso a quienes Él está buscando? ¿Responderemos a su llamado? ¿Decidiremos ser discípulos de Jesús?

Hoy, después de más de treinta años de haberlo recibido y confesado con mi boca, como el Señor de mi vida, empiezo a entender que el costo para lograr tan honrosa encomienda es seguir en pos de Él, seguir sus pisadas, negarnos a nosotros mismos, ser uno con Él, aún en su muerte, es recibir la mente de Cristo, sanando, limpiando y vaciando la nuestra para acoplarla a la suya, es pedirle en oración que continúe lavándonos más y más de nuestra maldad, tomar nuestra cruz cada día, arrebatar con violencia el reino de los cielos y seguirle, hasta que lleguemos a sus pies y le entreguemos las pocas coronas que hayamos podido obtener para Él, rendírselas en ofrenda de amor y recibir el amoroso abrazo de nuestro Padre celestial. Ese ha de ser el más grande anhelo de nuestras vidas.

Mientras tanto lo mejor que nos puede suceder es que a pesar de nuestras fallas y debilidades, limitaciones y carencias, ignorancia y origen, aquél que es poderoso para hacer todo mucho más abundantemente de lo que pedimos o entendemos, haga en nosotros que algunos reconozcan que hemos estado con Jesús.

ℭ๏

CAPÍTULO 8

LAS DOCE DECLARACIONES DE CUALQUIER DISCÍPULO DE JESÚS

1. Un discípulo de Jesús multiplica grandemente el número de discípulos, los bautiza y los enseña a obedecer, obedeciendo sus mandatos.
2. Predica el evangelio a toda criatura y es seguido por estas señales: en su nombre echará fuera demonios, hablará nuevas lenguas, tomará en la mano serpientes, si bebiere cosa mortífera no le hará daño, pondrá sus manos sobre los enfermos y sanarán.
3. Ama a Dios por sobre todas las cosas y ama a los demás como a sí mismo.
4. Permanece en su palabra.
5. Renuncia a todo lo que posee.
6. Valora más a Jesucristo que a su propia vida.
7. Lleva mucho fruto y ese fruto permanece.
8. A un discípulo de Jesús se le llama cristiano por parecerse a Jesucristo.
9. A un discípulo se le reconoce que ha estado con Jesucristo.

10. Un discípulo ama más a Jesucristo que a sus propios padres o a sus propios hijos.
11. Un discípulo está lleno de gozo y del Espíritu Santo.
12. Un discípulo permanece en la fe y a través de muchas tribulaciones entrará en el reino de Dios.

¡Él nos está buscando! ¿Estamos dispuestos a atender su llamado?

Apéndice

Estructura organizacional

Desde luego que la administración es necesaria, la planeación indispensable, la organización es fundamental, el control y la dirección esenciales. Todo ello, para lograr el crecimiento, la madurez y el desarrollo del mandato de Jesús. Pero sin menospreciar la ciencia administrativa, ni desvalorar los avances científicos y tecnológicos, en la época de Jesús existían ya esos conceptos, más empíricos desde luego, pero no eran ni son, hoy día, la parte central ni fundamental del propósito del mandato: Predicar el evangelio, haciendo discípulos, bautizándolos en el nombre del Padre, del Hijo y del Espíritu Santo, enseñándoles a obedecer todo lo que el Señor nos ha mandado.

La jerarquía es necesaria y conveniente para administrar. Debe además corresponder a lo que hoy tenemos, quizá pudiéramos lograr la pureza del modelo de Jesús, llano y simple, como sucedía en aquellos días, pero hoy tenemos estructuras, avances, compromisos y responsabilidades con las personas que servimos y atendemos.

Sería muy complicado y quizá representaría pérdidas innecesarias volver a empezar desde cero. Debemos considerar lo que el Señor nos ha permitido desarrollar y cómo nos ha respaldado. El modelo de Jesús debería exponenciarse a partir no sólo de unos pocos, sino de muchas personas que tomen el compromiso de ir en pos del Maestro en nuestra organización.

Una planeación adecuada, con una visión y una misión definidas y una estrategia que sea fácil de comprender y ejecutar, se hace necesaria. La definición de áreas de servicio, procesos y procedimientos, designación de responsabilidades, líneas de comunicación y decisión, son indispensables.

A continuación comparto la estructura organizacional que estamos implementando:

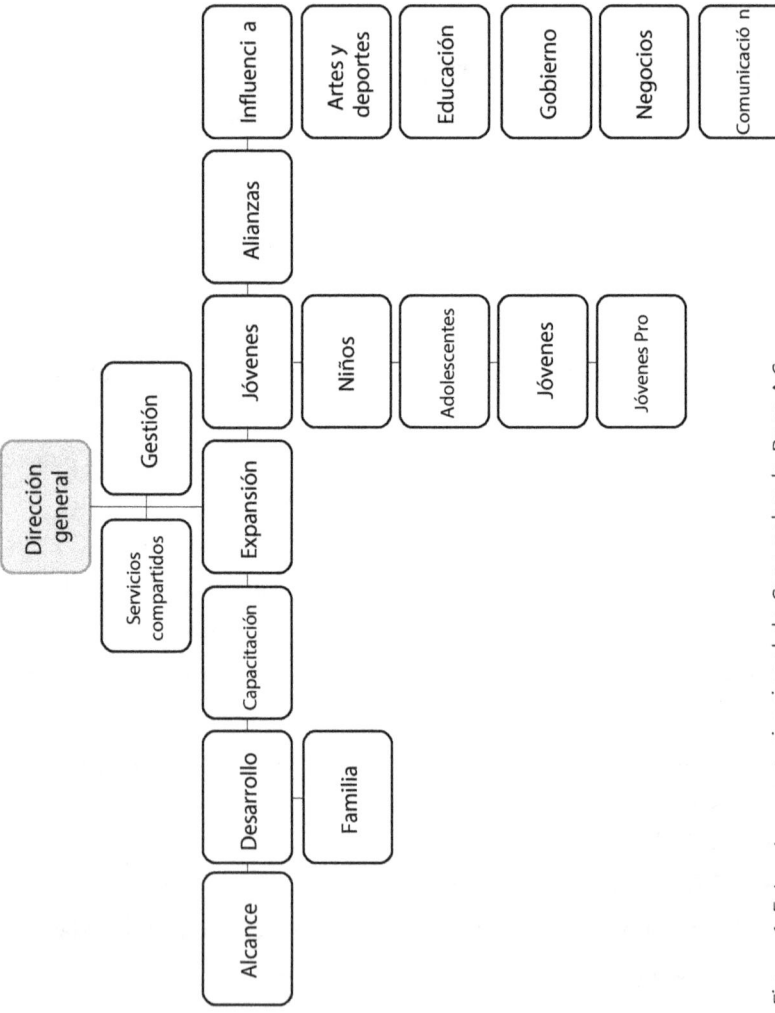

Figura 1. Estructura organizacional de Casa sobre la Roca A.C.

Misión

Somos una familia de familias que promueve principios y valores bíblicos de una manera no religiosa, formando personas capaces de transformar una nación a través de la multiplicación de discípulos.

Visión

En cinco años seremos una organización profesional y socialmente responsable, conformada por **300** sedes con un total de **300,000** personas comprometidas con la misión, participando activamente en temas espirituales, de familia, gobierno, comunicación, educación, negocios, artes y cultura, que estarán siendo enseñadas a obedecer las enseñanzas de Jesús.

Ejes estratégicos de la visión

1. Formación integral de discípulos de Jesús.
2. Modelo organizacional que soporte el crecimiento que Dios quiere para **CSR** .
3. Experiencias que transforman vidas.
4. Modelo de expansión e influencia.
5. Autosuficiencia financiera, de cada evento, cada dirección y cada sede.

La cadena de valor espiritual, se conforma por los siguientes macro-procesos, de los cuáles, deriva la estructura organizacional propuesta:

A partir del análisis y aprendizaje de años en el proceso de planeación, nos dimos cuenta de la importancia de constituir una estructura ágil y matricial que permita servir mejor a cualquier persona, desde los bebés hasta los adultos mayores.

Cada dirección cuenta con indicadores de gestión que facilitan la medición del éxito. Existen indicadores que miden el nivel de éxito final del área (efectos), y existen también indicadores que miden más los procesos que facilitarán el éxito final (causas).

La Dirección General, como ya fue comentado, corresponde únicamente a aspectos administrativos y desde ella se emiten directrices y líneas de comunicación sobre el rumbo administrativo de la asociación.

Contamos con cuatro direcciones enfocadas al proceso de formación espiritual de las personas:

1. Alcance. Tiene como propósito alcanzar a todas las personas que no conocen de Jesucristo, con las que tenemos algún contacto o relación, provocando que se integren al proceso hasta que crean, sean salvos y decidan ser discípulos de Jesucristo obedeciendo la Palabra de Dios.

Los principales indicadores de gestión del área son, como efecto final, el número de personas que se inscriben al seminario; y como causas del mismo, el cumplimiento del plan de eventos de alcance, de las metas de asistencia a los eventos, del registro de la gente nueva en casas de estudio y/o sedes, entre otros.

2. Desarrollo. Tiene como propósito buscar que las personas reciban sanidad, libertad y restauración a través de seminarios y consejerías personalizadas. Asimismo, en esta área también reside la responsabilidad de apoyar el desarrollo de las familias de Casa sobre la Roca, a través de eventos, talleres y conferencias.

Los principales indicadores de gestión del área son, como efecto final, el número de personas que se inscriben al centro de capacitación y que ya han concluido su proceso de sanidad, libertad y restauración; y como causas del mismo, el cumplimiento del plan de eventos de desarrollo (pre-seminarios, seminarios, post-seminarios), el cumplimiento de la ruta de madurez de la gente en lo que respecta a desarrollo, metas de asistencia a los eventos, número de personas en consejería y efectividad de las mismas, entre otros.

3. **Capacitación.** Tiene como propósito capacitar en el aprendizaje de la Palabra de Dios, poniendo especial atención a los setenta mandatos de Jesús, enfatizando los beneficios de la obediencia bajo un marco de sana doctrina.

Los principales indicadores de gestión del área son, como efecto final, la tasa de graduados y su colocación en las diferentes áreas de servicio a Dios conforme a sus talentos y dones; y como causas del mismo, la tasa de re-inscripción por nivel, el grado de cumplimiento en cuánto a sana doctrina refiere, la cobertura del registro escolar, el grado de estandarización editorial de todos los materiales que se utilizan en Casa sobre la Roca, entre otros.

4. **Gestión.** Tiene como propósito formar una red de personas que a través de su nivel de preparación, compromiso y santidad, puedan orar eficazmente y sin cesar por las diferentes peticiones que requieren combate espiritual en Casa Sobre la Roca.

Figura 2. Macroprocesos.

Los principales indicadores de gestión del área son, como efecto final, los testimonios de respuestas de parte de Dios para Su gloria única; y como causas del mismo, el nivel de efectividad de intercesión a partir de la identificación y el mapeo de territorios, la formación de intercesores, el avance en la integración de la red, entre otros.

Además de estos cuatro pilares del desarrollo espiritual, se requiere el apoyo para el desarrollo y crecimiento de las sedes de Casa sobre la Roca, de ahí la necesidad de las siguientes áreas:

a. **Expansión.** Tiene como propósito formar un equipo especializado en abrir sedes estándares y autosustentables.

Los principales indicadores de gestión del área son, como efecto final, el índice de crecimiento de sedes, asistentes y casas de estudio; y como causas del mismo, el cumplimiento de la ruta de madurez de las sedes, el desarrollo integral de los coordinadores de las sedes, los puntos de control de las reuniones para asegurar la estandarización, la certificación de equipos de trabajo, entre otros. Quizás la mejor prueba de la necesidad de estructurarnos matricialmente, sea el área de jóvenes, donde convergen los diferentes grupos demográficos relativos a la edad: niños, adolescentes, jóvenes y jóvenes pro, junto con los procesos centrales de alcance, desarrollo y capacitación, principalmente.

b. **Jóvenes.** Cuyo propósito es inspirar a las nuevas generaciones a tener una relación con Jesús, descubriendo en su camino el sentido de vivir.

Los principales indicadores de gestión del área son, como efecto final, el índice de crecimiento de jóvenes; y como causas del mismo, el número de sedes certificadas, los indicadores relativos a alcance, desarrollo y capacitación con atención por edades, la construcción de comunidades con intereses comunes, entre otros.

Un área muy importante que está en proceso de consolidación, es la de servicios compartidos.

c. Servicios compartidos. El propósito de este, es proveer a las diferentes áreas de Casa sobre la Roca, los siguientes servicios (mismos que se enuncian de manera ilustrativa, más no limitativa):

- Contabilidad y finanzas
- Fiscal
- Jurídico en diversas ramas (laboral, penal, civil, administrativo)
- Sistemas de información
- Recursos humanos
- Comunicación interna y externa

Los principales indicadores de gestión del área serían (ya que aún están en desarrollo), como efecto final, el cumplimiento de los acuerdos de nivel de servicio entre las áreas centrales y los usuarios de dichos servicios (sedes, áreas, eventos); y como causas del mismo, la satisfacción de los clientes internos, la eficiencia en términos de ahorros, el cumplimiento de la sustentabilidad financiera, entre otros.

※

BIBLIOGRAFÍA

Harrison, Everett F. **Comentario Bíblico Moody: Antiguo Testamento.** Publicaciones Portavoz Evangélico. Grand Rapids, Michigan. 1983.

Matthew Henry. **Comentario Exegético-Devocional a toda la Biblia.** Clie. España. 1983.

Radmacher, Allen y Wayne Ed. **Nuevo comentario ilustrado de la Biblia.** Caribe. Nashville, Tennessee. 2011.

Kedrovsky, Greg. **El discipulado bíblico.** Medellín. 2010.

Scataglini, Sergio. **El fuego de su santidad.** Casa Creación. Florida. 2000.

Willmington, Harold l. **Auxiliar Bíblico.** Publicaciones Portavoz Evangélico. Grand Rapids, Michigan. 1996

La Biblia de las Américas. Holman Bible Publishers. 2008.

La Biblia. Versión Reina-Valera. Revisión de 1960.

"¿Qué es el discipulado?". Keith Phillips. Avivamiento. Revista cristiana. Número 38. Enero-Febrero. 2008

Where God Builds Disciples. Online Bible Studies. www.wgbd.org

"El significado del discipulado". Where God Builds Disciples. Online Bible Studies. www.wgbd.org/oldspanish230.html

Una Guía para el Discipulado Personal. Discipler Training International; Art Barkley. Reno, NV. 1997-2014.
www.disciplers.org

www.ingramcontent.com/pod-product-compliance
Lightning Source LLC
Chambersburg PA
CBHW051653040426
42446CB00009B/1117